教行信証を生きる

松塚豊茂

永田文昌堂

目次

序論……1
一　総序……9
二　教……15
三　行……21
四　信……45
五　証……99
六　真仏土……123
七　方便化身土……143
註……183

序　論

『教行信証を生きる』という表題は、奇異の感を与えるかもしれない。ところで「仏の名号をもつて経の体とするなり」（浄土真宗聖典—注釈版第二版—本願寺出版社　二〇〇四年一三五頁、以下同書からの引用は頁数のみにとどめる）は、そのまま『教行信証』に冠せられるであろう。『教行信証』の本質も名号のほかにない。すなわち名号が私を生きるというかたちで私が名号を生きる——そういう宗教的生を現して拙著の表題である。すなわち『教行信証』によって生を読み生によって『教行信証』を読むという相互読解が、拙著となったと言ってよい。そういう読み合いにおいてのみ、『教行信証』はその現代的意味を現して来るであろう。裏から言えば、この書の単なる解読は、ほとんど意味がない。そういう生とはどういうことか。生きる意味は何か。「露命わづかに枯草の身」（八五二）にかかる今日この頃、どうしてもその根本的な問いの答案を残しておきたかった。

この世に生を受けた仕事は何か。人生何を為すべきか。人は生きて来たようにしか死んで行けない。生き方を見れば死に方がわかる。死に方を見れば生き方がわかる。どう生きどう死ぬか。生きるとはどういうことか。死ぬとはどういうことか。「この人身を度るに値遇しがたし」

（一三五）「人趣の身得ることはなはだ難し」（二一四）「一たび人身を失いつれば万劫にも復せず」（一七七）から、生死の厳しさが聞こえる。およそ生の意味、死の意味は何か。今日、こういう問いは全く忘れ去られている。問いの可能性についてすら気付かれていない。生は生以外の何ものによっても説明されない。生の意味は、生そのものから開かれるほかにない。必要とされる人間、役に立つ人間というような功用性から生そのものには迫れない。

〝生きている、ただそれだけで値打ちがあると思うのです〟――ある作家の言葉。根本的課題の忘却、生の直接肯定の言表にほかならぬ。この発言は個人の見解にとどまらず、現代世界全体に当てはまるだろう。現代人のあらゆる営みは、生の直接肯定に立脚、否定が入っていない。それは生を生のみからとらえるという生の自己内把握、内在性の立場である。死もそういう視野において見られて来る。生の直接肯定は、超越、三世（過去・現在・未来）という視圏の欠落と言わねばならぬ。しかしそういう立場で問題が支えられないことは、疑いの余地がない。いたるところに綻びが吹き出ている。現代人は帰するところ「家郷」（一七三）を見失った流浪の旅人と言わねばならぬ。あらゆる営みが人間のそれであるかぎり、すべての問題は〝人間とは何か〟という問いに収まるだろう。この問題が解決されないかぎり、他の諸問題の解決が解決にならぬ。あらゆる問題が根本的な問いを呼び起こすわけである。

現代の大きなしかも緊急の問題は、宗教と科学の関係に集まると思われる。先走った言い方になるが、科学と宗教は直接対話に入れぬ。対話のためには哲学を媒介せねばならぬ。すなわち〝科学とは何か〟は、科学の問いでない。具体的な展開はともかくとして仏教は、そういう哲学の可能性を蔵すると思う。科学するも人間のあり方にほかならないから、両者の関係如何という問いも前述の根本問題に収斂する。科学技術が両刃の剣だというのも、人間のあり方に由来するわけである。「宗教なしに思弁や実践をもとうとするのは、向こう見ずな高慢だ。それは神々に対する大胆な敵対だ[1]」。

前述の根源的な問い――人間とは何か、生きるとはどういうことか――を正面から受け止め解答を寄せるのは、何だろうか。それは生の直接肯定を大きな問いに巻き込むもの、生そのもののなかから生を貫く絶対否定的なものでなければならぬ。「老病死を見て世の非常を悟る」(四一)とあるように、つきつめて言えばそれは死である。死こそ生の直接肯定へ挿入される絶対否定性にほかならぬ。「ああ、夢幻にして真にあらず。寿夭にして保ちがたし。呼吸のあひだにすなはちこれ来生なり」(一七七)「無常念々に至り、つねに死王と居す」(浄土真宗聖典　七祖篇―註釈版―本願寺出版社　二〇〇五年六七〇頁、以下同書からの引用は、七祖、頁数のみに略記する)は、危機的存在としての人間を説くであろう。これらの聖語、生に隈なく惨透する死、つまり生と死を絶対に一つにとらえる。絶対の一をあらわして生即不生　死即不死。すなわち絶対否定が〝不〟にほかならぬ。その場合、いわゆる身体・肉体はどうなるのか。「この娑婆生死の五蘊所成の肉身いまだやぶれずといへども、生死流転の本源をつなぐ自力の迷情、共発金剛心の一念にやぶれて、知識伝持の仏語に帰属するをこそ、『自力をすてて他力に帰する』ともなづけ、また『即得往生』ともならひはんべれ」（九四四）は、絶対の死を「自力をすてて他力に帰する」と説く。『改邪鈔』の指南によって、「捨自帰他」がさしあたり肉体の死との関係を含むことは、あきらかであろう。如来のいのち・名号・無量寿無量光は、私たちのいのちとの関係において絶対の生即死　死即生としてしか表現されぬ。名号はそういうかたちで生死の大問題の解決にほかならぬ。

すべての病は、死とともに終わる。医学は命のやりとりの最後の戦いに必ず敗れる。しかし仏教は肉体の死のリアリティーをまるまる含むゆえに、医学の終わるところから始まると言えるだろう。つまり死の先取りである。それは「平生業成」（一〇八五）と呼ばれる。ハイデッガーは、死ぬ前に死ぬ人は死ぬときに死なぬと言う。この言葉、「平生業成」と響き合うようである。「平生業成」は、生の直接肯定と絶対に異質的な視圏の開示と言わねばならぬ。絶対に異質的なものは、キルケゴールの言うように考えることすらできぬ。宗教におけるどうすることもできぬ難所である。

人間とは何かという問いの全面的・根本的な解決は、名号・南無阿弥陀仏の領解以外の何ものでもない。『大無量寿経』（浄土三部経）・三国七高僧の伝承が、親鸞聖人に貫入、『教行信証』

として結実した。簡潔に言えば、名号の論理・ことわりの自覚的展開として『教行信証』である。詳しくは後に譲るとして、さしあたり名号の論理と科学のそれとの関係について触れておきたい。科学の論理は同一律・矛盾律――ＡはＡである。ＡはＡであると同時に非Ａであることができない――にほかならぬ。科学は無矛盾の体系と言えるだろう。だが、科学は人間のあり方として生の直接肯定の立場に包摂される。科学は本質的に反宗教的、唯物論への傾きを含むと思う。因果（善因善果、悪因悪果）・業という考え方は、科学のなかに入ってこない。価値の問題は、科学の外の領野に属する。「因果を撥無する見を空とす」（一七二）に鑑みるに、科学者は唯物論者・虚無論者に帰結するだろう。だが、前述のように唯物論・虚無論の立場が絶対否定の煉火に焼き切られた。ということは、名号の論理は科学の論理と絶対に異質的なことを意味する。同次元における科学か宗教かという二者択一の立場が、奪い取られたわけである。

『教行信証』における思索と発言考えると言うは、絶対にそれを超えるところから、考えるは考えられないと一つに言うは言えないと一つに成立する。ところで言う考えるに先立つのは何か。「しかるにこの行は大悲の願（第十七願）より出でたり」（一四一）「この心すなはちこれ念仏往生の願（第十八願）より出でたり」（二一一）が、問題の決定的解答であろう。すなわち光明無量寿命無量から言う考えるが成立する。言う考えるを否定即肯定的に光寿二無量へ超える。光寿二無量が言う考えるに先立つ。光寿二無量が考える言うとなる。言葉の超越構造である。

名号においてすべてが奪われすべてが新しく贈り返される。名号は一切の与奪の場である。「こころもことばもたえたれば　不可思議尊を帰命せよ」（五六二）は、〝奪〟、絶対否定の世界を伝えるであろう。「念仏三昧において信心決定せんひとは、身も南無阿弥陀仏、こころも南無阿弥陀仏なりとおもふべきなり」（一三九〇）は、〝与〟、絶対肯定の風光を伝える。「本願招喚の勅命」（一七〇）は、絶対の否定と肯定を摂する、如来は非と是を同時に言うわけである。否定と肯定を廻って、思考・言葉、天地が新しくなる。この意味で名号は根源語である。意識から無意識に入り無意識から意識に出る。そういう意識は自覚的、本質において仏陀の正覚につながる。つまり創造的な思考・言葉が『教行信証』に躍動している。名号の施与、名号が私になるとしての両者の絶対の同一は、言葉の本質が自己・人間の本質、自己・人間の本質が言葉の本質なるを意味する。人間の本質は、このようなかたちでのみ明らかになるのである。そこはヒューマニズの遠く及ぶところでない。その意味で人間の本質は、かならずしも人間的ではない。以上、ただ生きるのではない。名号の領解として、生はそもそも自覚的、自覚的な生を生きる。すべてを一つに摂める絶対否定即絶対肯定、絶対の生即死　死即生――それが名号・『教行信証』の論理構造をなす。以下、各巻にわたって名号の論理を辿りたい。

奈良盆地の一農家に生を享け、夢にも知らなかった無上甚深微妙法、親鸞聖人のみ教に遇わせていただき無限絶対の恩徳をたまわった。恩徳において最高の生と最高の死が、決定された。それが名号が私を生きるというかたちで、私が名号を生きるということである。人生の夕暮にあたり、不可思議光に照護された幸せな生涯であったと慶ばざる得ない。これひとえに、釈迦・弥陀二尊の恩徳は申し上げるまでもなく、善知識西本誠哉先生と生家の隣家堀内さまの恩徳である。先生と堀内さんは、私の慈悲の父母である。若き日々、ともに念仏を慶んだ先輩も友人もいまは亡い。私の到彼岸、懐かしい人々との再会ももうすぐであろう。無限の恩徳に対するとき、歩みはあまりにも貧しかった。しかしそれも恩徳のなかであることを拝するとき、仏恩・師恩の広大なる、天地をつつむを覚える。

なお発行出版にあたりお世話になった永田文昌堂、報光社松江支店昌子泰久氏、荒木　淳氏、校正を手伝ってくれた小谷久美子さんに謝意を表する。

二〇一八年　一月

松江にて

著者

一　総序

『教行信証』の扉は、総序とともに開かれる。雄渾簡潔な「穢を捨て浄を欣ひ、行に迷ひ、信に惑ひ、心昏く識寡なく、悪重く障多きもの、ことに如来（釈尊）の発遣を仰ぎ、かならず最勝の直道に帰して、もつぱらこの行に奉へ、ただこの信を崇めよ」（一三二）。この一句、生を貫く否定から肯定への道を教示するであろう。次に「しかればすなはち、浄邦縁熟して、調達（提婆達多）、闍世をして逆害を興ぜしむ。浄業機彰れて、釈迦、韋提をして安養を選ばしめたまへり。これすなはち権化の仁斉しく苦悩の群萌を救済し、世雄の悲まさしく逆謗闡提を恵まんと欲す」（一三一）は、絶対肯定、「不退の風航」（七祖、四八）を告げる。さらに「ゆゑに知んぬ、円融至徳の嘉号は悪を転じて徳を成す正智、難信金剛の信楽は疑を除き証を獲しむる真理なり」（一三一）の光沢を蒙って、名号が絶対否定と絶対肯定を摂むことは、白日のようにあきらかである。名号そのものは否定も肯定も離れるが、衆生との関係においてはそうならざるを得ない。絶対否定即絶対肯定　絶対肯定即絶対否定は、名号のはたらくすがたである。すなわち、否定と肯定の絶対の一が、名号の論理にほかならぬ。それは同時に「もしまたこのたび疑網に覆蔽せられば、かへつてまた曠劫を経歴せん」（一三二）という永遠の課題の解消（生死出離）を意味する。

「ここに愚禿釈の親鸞、慶ばしいかな、西蕃・月支の聖典、東夏（中国）・日域（日本）の師釈に、遇ひがたくしていま遇ふことを得たり、聞きがたくしてすでに聞くことを得たり。真宗の教行証を敬信して、ことに如来の恩徳の深きことを知んぬ。ここをもつて聞くところを慶び、獲るところを嘆ずるなりと」（二三二）と結ばれる。結語は親鸞聖人の自督・領解である。「真宗の教行証を敬信して」に鑑みて、行信が真理証明の場にほかならぬ。名号が自己・実存になる――それが行信。すなわち『教行信証』は、実存の立場である。

総序を操れば、標挙　標列が来る。

大無量寿経　真実の教
浄土真宗

真実の教を顕す　一

真実の行を顕す　二

真実の信を顕す　三

真実の証を顕す　四

真仏土を顕す　五

化身土を顕す　六

『顕浄土真実教行証文類』という正式名称のあらわすように、『教行信証』は浄土真実に統一され全体が見えて来る視圏が浄土真実なることは、一目瞭然である。ただ、化身土が真実に包摂されることについては留意するにとどめ、詳しくは後に譲りたい。

二教

つつしんで浄土真宗を案ずるに、二種の回向あり。一つには往相、二つには還相なり。往相の回向について真実の教行信証あり。（一三五）

数巻冒頭から二つを看取し得るであろう。一は二種回向が『教行信証』の骨格をなすこと、二は教行信証の四法が往相として開説されていることである。往相は、衆生が浄土に生れ往くすがたをいう。つまり四法が此土において見られている。人生は教行信証を実現していく道場にほかならぬ。

それ真実の教を顕さば、すなはち『大無量寿経』これなり。この教の大意は、弥陀、誓を超発して、広く法蔵を開きて、凡小を哀れんで選んで功徳の宝を施すことを致す。釈迦、世に出興して、道教を光闡して、群萌を拯ひ恵むに真実の利をもつてせんと欲すなり。ここをもつて如来の本願を説きて経の宗致とす。すなはち仏の名号をもつて経の体とするなり。（一三五）

次いで「なにをもつてか出世の大事なりと知ることを得るとならば」（一三五）と立問があり、

それに答えるかたちで再び『無量寿如来会』（上）『平等覚経』（一）の引用がある。さらに憬興師（述文賛）は、引用諸経の釈と見ることができる。

そしてあたかも天から降って来るかのように、結尾が来る。

しかればすなはち、これ真実の教を顕す明証なり。まことにこれ、如来興世の正説、奇特最勝の妙典、一乗究竟の極説、速疾円融の金言、十方称讃の誠言、時機純熟の真教なりと、知るべしと。（一三八）

教巻の意は、真実の教は『大無量寿経』だという証明にある。聖人は「明証」と仰せになる。どうして「明証」なるか。真実の教と仰がれるもとに何があるのか。課題は「明証」の究明にあろう。ところで注意して読むと、「諸根悦予」（一三五）「奇特の法に住し」「仏の所住に住し」「導師の行に住し」「最勝の道に住し」「如来の徳を行じ」（以上、一三六）「去来現の仏、仏と仏とあひ念じたまへり」（一三六）「神通輪」「普等三昧に住して」「五眼を導師の行と名づく」「四智に住し」（以上、一三八）が、目につく。教の真理証明が全体の立場なることは、疑いの余地がない。「三輪」について「仏・菩薩が衆生を教化する時に示す身口意（からだ・言葉・心）のすぐれたはたらき」（一四八〇）という巻末註がある。心口意の三業、つまり全体が教の真理証明の場なることは、いよいよあきらか。三業とは広義における身体（心業・口業を含むから）、感性・理性を含む。「仏道を成るに至るまで、耳根清徹にして苦患に遭はず。目にその色を視、耳にその音を聞き、鼻にその香を知り、舌にその味はひを嘗め、身にその光を触れ、心に法をもって縁ずるに、一切みな甚深の法忍を得て不退転に住す」（三三―三四）。この経文、眼・耳・鼻・舌・身・意、つまり感覚器官が真理証明の場なるを説く。『教行信証』はそういう意味で、身体の立場、体学道・身学道、と言わねばならぬ。

以上、「明証」が身体の立場なることは疑いの余地がない。〝わかる〟とは、体でわかるをいう。裏から言えば、単に頭でわかるのは観念・主観的想念にすぎぬ。行信が教の真理を証明。そこに教巻は行信二巻への展望を開くと言える。

体でわかるを実存と規定する、すなわち『教行信証』は実存の立場、実存の論理と言わねばならぬ。

三行

しかれば、名を称するに、よく衆生の一切の無明を破し、よく衆生の一切の志願を満てたまふ。称名はすなはちこれ最勝真妙の正業なり。正業はすなはちこれ念仏なり。念仏はすなはちこれ南無阿弥陀仏なり。南無阿弥陀仏はすなはちこれ正念なりと、知るべしと。

（一四六）

「称名破満」（一四六）の釈は、〝言葉とは何か〟という根本問題への指標である。普通、言葉はコミュニケーションの手段として機能的に考えられている。だが、言葉とは何かという問いに答えるのはきわめて難しい。言葉の本質は闇のなかに放置されている。というのは、答えるために言葉を使わねばならないから。たとえば、文学は言葉の芸術、言葉への信頼に基づく。もしそれが失われるならば、文学のみならず人類の文化文明の全体（数式も広い意味における言葉）が大きな問いに巻きこまれるだろう。

「名を称する」の「名」は、南無阿弥陀仏をいう。南無阿弥陀仏が行、「仏体すなはちわれらが往生の行」（一三八八）となる。称名は破無明と一つ。ところで無始無明・根本無明ともいわれるように、衆生は根源的な闇のなかにある。しかし、闇は闇自身を知らぬ。むしろ明るいと思う。それが闇ということである。闇の闇たるゆえんは、そういう顚倒にある。すなわち根本無明は、出る道のない根源的な閉鎖性を意味する。衆生はそういう閉鎖性においてある。閉鎖性とは、破無明の可能性が永遠に失われたことを意味する。ところで無始無明・根本無明は、三世を含み、過去・現在・未来をそのもとに摂む。無明はこの世の枠を超え、意識・自意識の立場ではない。根本無明をふまえて「自己」が現れる。自己が自己に映る。そういう（映った）自己をとらえて離さないという自己の二重構造（映す自己と映った自己）――それが自惚・閉鎖性にほかならぬ。

「こころもことばもたえたれば　不可思議尊を帰命せよ」（五六二）と讃じられるように、絶対の黙と一つに「名」は成立、南無阿弥陀仏は永遠の静《しず》ま（涅槃寂静）から現成する。言葉は言葉を超えるものと一つに、言うは言えないと一つに成立するのである。「無説の説」（一八二）とは、その謂い。これは言葉を廻る悪循環が断ち切られることを意味する。すなわち南無阿弥陀仏において一切の言葉が奪われるとともに一切の言葉が送り帰される。名号は言葉の与奪の場。そういうかたちで名号を回って言葉・思考、天地が新しくなる。そういう意味で名号は根源語である。「了義のなかの了義なり。円頓のなかの円頓なり」（一八二）は、まさに名号の本質開顕にほかならぬ。

まことに仏名は真応の身よりして建立せるがゆゑに、慈悲海よりして建立せるがゆゑに、誓願海よりして建立せるがゆゑに、智慧海よりして建立せるがゆゑに、法門海よりして建立せるによるがゆゑに、もしただもつぱら一仏の名号を称するは、すなはちこれつぶさに諸仏の名号を称するなり。功徳無量なればよく罪障を滅す。よく浄土に生ず。なんぞかならず疑を生ぜんや。（一七七－一七八）

一乗の極唱、終帰をことごとく楽邦を指す。万行の円修、最勝を独り果号に推る。まことにもつて因より願を建つ。志を乗り行を窮め、塵点劫を歴て済衆の仁を懐けり。芥子の地も捨身の処にあらざることなし。悲智六度摂化してもつて遺すことなし。内外の両財、求むるに随うてかならず応ず。機と縁と熟し、行満じ功なり、一時に円かに三身を証す。万徳すべて四字に彰る。（一八〇）

引用の法文、あきらかに名号は単に文字・音声でないことを説く。名号において言葉と事実、言《こと》と事《こと》は絶対に一つ。そこは主観でもなければ客観でもない。拝まれる仏と拝む私、つまり主客対立の場ではない。仏を対象的にとらえるのは、迷いだ。そこは主客を両方向に突破する根源的な開け、天親の「広大にして辺際なし」（七祖、二九）にほかならぬ。「最勝真妙の正業」（一四六）は、この世に何をしに来たのか、この世の仕事は何かという人生根本問題の解答であろう。「般舟三昧および大悲を諸仏の家と名づく。この二法よりもろもろの如来を生ず。このなかに般舟三昧を父とす、また大悲を母とす。また次に般舟三昧はこれ父なり、無生法忍はこれ母なり。『助菩提』のなかに説くがごとし。〈般舟三昧の父、大悲無生の母、一切のもろもろの如来、この二法より生ず〉と。家に過咎なければ家清浄なり。ゆゑに清浄とは六波羅蜜・四功徳処なり。方便・般若波羅蜜は善慧なり。般舟三昧・大悲・諸忍、この諸法清浄にして過あることなし。ゆゑに家清浄と名づく。この菩薩、この諸法をもって家とするがゆゑに、過咎あることなし」（一四六）に鑑みるに、名号は住み場所、ありとしあるもの生きとし生けるもの——「諸天・人民、蠕動の類」（一四三）——は、名号においてある。家は住むにあらわれる。家は住むとともに仏子誕生の場をいう。家の動的構造。そういうあり方は、相互に中心を交換し合う中心をもち合うこと、真実のつながり「親厚」（一四五）と言われる。また、名号は「一切生死」（二〇〇）を離れるとともに、衆生済度の無限の活動の源泉「四功徳処」（一四六）である。真にあると言えるのは名号・光寿二無量のみ。名号は全体である。全体のほかに何もない。家・住む・大行は、そういう全体のあり方をいう。光寿二無量のすがたとして、すべてはありのままそのまま、如実相・実相、絶対肯定の世界である。

すなわち称名は居場所の発見、落ち着きにほかならぬ。裏から言えば、迷いとは居場所に迷うをいう。また、凡夫のあり方を世間という。「世間道をすなはちこれ凡夫所行の道と名づく……凡夫道は究竟して涅槃に至ることあたはず、つねに生死に往来す」（一四六）。凡夫・世間とは、頽落態、ハイデッガーの「ひと」(Man)と相通じるであろう。『往生要集』は、人道を不浄・苦・無常の三範疇で説き穢土に摂する。人間界も、所詮、悲しいところ怖いところ、すべてが散りちりばらばらに散りゆくところ。この世はそれぞれ一人〱底なく孤独である。これに対し浄土は、すべてを一つに集めるところ、すべてがすべてに挨拶し合うところである。上記のように、人間界が絶対否定態において現れるもとに名号がある。すなわち不浄・苦・無常は浄・楽・常を、この世の不完全はあの世の完全を黙示する。「世の住み憂きはいとふたよりなり」(一四二五)も、この間の消息を伝えるであろう。以上、絶対否定はつねに絶対肯定と一つ。すべてが名号の独用であるかぎり、名号は絶対否定即絶対肯定として、転換の必然性を蔵する。転換は名号の妙用。妙用の現れとして「三悪道の門を閉ず」(一四七)と讃じられる。「一切諸仏、微塵劫を歴て実相を了悟して、一切を得ざるがゆえに、無相の大願を発して、修するに妙行に住することなし。証するに菩提を得ることなし。住すに国土を荘厳するにあらず。現ずるに神通なきがゆゑに、舌相を大千にあまねくして、無説の説を示す」(一八二一―一八二二)は、絶対否定の貫通を説くであろう。絶対否定即絶対肯定における〝即〟は、転換を意味するのである。あらゆる価値の転換・相対化、すべてを貫く絶対否定性(すべては虚しい)においてニヒリズムを語れば、〝即〟はニヒリズムの本質現成として転換の場であろう。

「世間道を転じて出世上道に入るものなり。……この心をもつて初地に入るを歓喜地と名づくと」(一四七)「人よくこの仏の無量力功徳を念ずれば、即の時に必定に入る」(一五三)は、転換が発起する瞬間を説く。永遠の現在として永遠が時に現れる。念仏者は永遠によって貫通された時、時と永遠の統一を生きると言える。すなわち「大行」は、成仏・証大涅槃の必然性を摂する。あるいはそういう必然性が、「初地・歓喜地」を貫く。またそれゆえにこそ歓喜と言われる。「一切の声聞・辟支仏の行ずることあたはざるところなり」(一四九)「一切凡夫の及ぶことあたはざるところなり」(一四九)とあるように、歓喜は人間的な何ものも宿さぬ清浄な感情と言わねばならぬ。「心つねに歓喜多し」(一四七)。波多野精一の言うように「宗教的生は、歓喜に溢れる」。情熱・気力のもとに歓喜があろう。宗教的生は根底的に歓喜によって定礎されるのである。もちろん、それは生物学的生ではない、生即不生として「無生忍」(一四九)・無生の生と言わねばならぬ。宗教的生は直ちに浄土の生ではないが、浄土のさとりを離れないのである。

初地・歓喜地を人で語れば、正定聚となる。正定聚は初地・歓喜地を生きる。「安楽国をねがふひと、正定聚にこそ住すなれ」(五六〇)。「正定聚に住すれば　かならず滅度をさとるなり」(六〇七)。「仏智不思議を信ずれば　正定聚にこそ住しけれ」(六〇八)。「聖徳皇のあはれみて……住正定聚の身となれる」(六一五)。「現生に正定聚の位に住して」(六二五)。正定聚は「家清浄」(一四七)に住む。以上の法語によって正定聚は住む場所、しかも往生の必然性に統べられる場所をいうことはあきらかである。「一生補処」（一九三）は、この必然性を語る。場所はもちろん空間的表象でなく、むしろ本願力の統べる力の場をいう。「無諍王この方にましますことを。宝海もまたしかなり」（一七六）は、往生の必然性を讃じるであろう。したがって正定聚は、単に人でない。正定聚は仏智不思議・無量清浄から生まれる。「金剛心成就」（一七〇）の人における証明にほかならぬ。しかも「現生」とあるから、正定聚は人間の最高のあり方・生き方を意味する。すなわち仏智不思議が人間の本質である。「仏の本願力を観ずるに、遇うて空しく過ぐるものなし。よくすみやかに功徳の大宝海を満足せしむ」（一五四）にあきらかなように、誓願は必然的に人間を要求・招喚する。すなわち誓願成就は、人間の本質現成としてのみ自覚されるのである。誓願を離れて人間はなく、人間を離れて誓願はない。誓願の現れとしての人間、正定聚は成仏の必然性に貫通される。「この界に一人、仏の名を念ずれば、西方にすなはち一つの蓮ありて生ず」（一七二―一七三）に、これを看取するであろう。つまり証との統一における行と言える。これ、〝人間とは何か〟の究極的答案でなければならぬ（理性的動物としての人間の定義は、周囲を回るだけでその本質に中らぬ）。

「しかれば、『南無』の言は帰命なり。……ここをもつて『帰命』は本願招喚の勅命なり。『発願回向』といふは、如来すでに発願して衆生の行を回施したまふの心なり。『即是其行』といふは、すなはち選択本願これなり」（一七〇）。有名な六字釈である。これに鑑みるに、本願名号が行になる。「本願の名号は正定の業なり」(二〇三)。「仏体すなはちわれらが往生の行なるがゆゑに、一声のところに往生を決定するなり」(一三八八)。すなはち衆生の業を転じて正定業と言える。衆生を抜きにすれば名号も観念にすぎぬ。正定業は仏と衆生の一行、一行における両者と言わねばならぬ。しかも両者は衆生によってではなく本願力によって規定される。既述のように、無明とは出る道を見失った閉鎖性であった。自己を閉ざしたのがほかならぬ自己自身であるかぎり、閉鎖性は自己の方から絶対に開き得ない。いま自己閉鎖をエゴイズムと呼べば、エゴイズムは他の何ものによっても超えられない(ナショナリズムがエゴイズムに根をもつかぎり、それはインターナショナリズムによって超えられぬ)。エゴイズムの克服のためには、超越を要求せざるを得ないのである。そういうやむにやまれない要求は、「発願回向」によってのみ満たされる。「発願回向」はまさに閉鎖の開扉、出口は絶対に他なる方向から開かれる。

「他力といふは如来の本願力なり」(一九〇)。本願力を開いて「大慈悲力・大誓願力・大智慧力・大三昧力・大威神力・大摧邪力・天眼遠見力・天耳遥聞力・他心徹鑑力・光明遍照摂取衆生力」(一七九)となる。本願力の光照を蒙って、無始無明について何かを言えるであろう。すなはち、無明は単に闇を意味しない、同時に力の場でなければならない。力に対するのは力であるから。私たちは無始以来、如来に反抗しつづけて来たのである。しかもそれは、〝いま〟のことでもある。しかし次の引文にあきらかなように、本願力は何ものにも障えられぬ。「たとへば千歳の闇室に光もししばらくも至れば、すなはち明朗なるがごとし。闇あに室にあること千歳なるをもつて、去らずといふことを得べけんや」（七祖、二二三－二二四）。闇は光と共存できぬ。闇にとって光ほど嫌なものはない。すなわち闇は暗いということを知らぬ。むしろ根底的には明るいと思っている。顚倒の妄見とはその謂い。「いはゆる凡夫、人天の諸善、人天の果報、もしは因、もしは果、みなこれ顚倒す、みなこれ虚偽なり」（七祖、五六）。自己は光には閉じるが、闇に向って無限に自己を解き放つ。光に対して閉じるは反逆。自己は反逆にそのもとをもつ。自己は反逆意志にほかならぬ。すなわち五逆罪とは、他力への反作用であると思う。無始よりこのかた未来永劫にわたって、自己は「安養の浄業」（一八一）との対立緊張・如来への反逆においてある。傲慢・呪詛は、自己の吹き出す毒火だろう。「目に見、耳に聞きてことに疑謗を生じて、みづから甘く沈溺して超昇を慕はず」（一七八）。「悪性さらにやめがたし　こころは蛇蝎のごとくなり」（六一七）。反逆局面を語って次の言葉がある。「現にこれ生死の凡夫、罪障深重にして六道に輪廻せり。苦しみいふべからず」（一六六）。「十悪五逆至れる悪人、永劫に沈淪して久塵にあり」（一七四）。「凡人の臨終は識神主なし。善悪の業種発現せざることなし。あるいは邪見を起し、あるいは繫恋を生じ、あるいは猖狂悪相を発せん。もつぱらみな顚倒の因と名づくるにあらずや」（一八一）。以上、反逆意志を開いて悪業。反逆局面は、身口意の三業、因果の統べるところである。浄土真実はそういう反逆局面を否定即肯定的に摂する。「悪人正機」（八三四、取意）とは、そのことだと思う。絶対否定態においてであれ、教行信証全体を反逆局面が通底、それが本書の動的構造となる。ここから局面の転換が両義を含むことが予科されるだろう。

反逆意志としての局面は、何に由来するのだろうか。何がそういう局面を開いたのか。局面の根源は何か。「真如はこれ諸法の正体なり」（七祖、一三六）。「一切のもろもろの罪は、性みな如なり」（七祖、一〇二〇）。「一切のもろもろの衆生の、無始の幻の無明はみなもろもろの如来の、円覚の心より建立せり」（七祖、一〇四八）。これらの法語に徴するに、本当にあるのは真如。すべては真如のすがた。それを実相自然という。ゆえに反逆意志の局面は、真如における分裂・墜落に由来するだろう。「無塵の法界は凡聖斉しく円かに、両垢の如々すなはちあまねく含識を該ね、恒沙の功徳寂用湛然なり。ただ垢障覆ふこと深きをもつて、浄体顕照するに由なし」（七祖、二九九）は、以上の消息を説く。そこにキリスト教の堕罪、カントの根元悪に霊犀通じるところがあると言えないこともなかろう。

真如そのものから言えば、分裂も反逆もない。どのような反逆も如来大悲の胸に遠く届かぬ。反逆を反逆と認めない大悲である。「〈われ作仏せん時、他方仏国の人民、前世に悪のために（傍点引用者）わが名字を聞き、および道のためにわが国に来生せんと欲はん。寿終へてみなまた三悪道に更らざらしめて、すなはちわが国に生れんこと心の所願にあらん。しからずはわれ作仏せじ」（一四四）「かの貧窮において伏蔵とならん」（一四二）に、これを読みとる。

「南無といふは、すなはちこれ帰命なり、またこれ発願回向の義なり、阿弥陀仏といふは、すなはちこれその行なり。この義をもつてのゆゑにかならず往生を得」（一六九）は、「〈遊戯〉」（三三四）「自在の義」（三三四）「度無所度の義」（三三四）を語る。翻って衆生から言えば、「浄体顕照」（七祖、一二九九）として反逆から信順への転換・「回心」（八四八）「不逆に信順する」（一九六）「よく愚痴海を竭して、よく願海に流入せしむ」（二〇一）にほかならぬ。回心は「如来浄土の因果」（一七四）「所行・所成」（一七四）と、「衆生往生の因果」（一七四）「所摂・所益」（一七四）の一つなるところをいう。その一を人でとらえて念仏行者である。あるいは「無量清浄」（一七五）が自己になる。決して「自己」が「無量清浄」になるのではない。そういう逆は悪魔と言わねばならぬ。「もし聖の解をなせば、みな魔障を被るなり」（一七九）。以上、あきらかに局面の局面としての自覚は二義を含む。次の法語にこれを看取し得よう。「深心はすなはちこれ真実の信心なり。自身はこれ煩悩を具足せる凡夫、善根薄少にして三界に流転して火宅を出でずと信知す。いま弥陀の本弘誓願は、名号を称すること下至十声聞等に及ぶまで、さだめて往生を得しむと信知して、一念に至るに及ぶまで疑心あることなし。ゆゑに深心と名づく」（一八八）は、「自身」と「本弘誓願」の二義の一義透明を説く。また、「ただひとたびあるべし」（八四八）は、回心の決定的な意味を開示するであろう。局面の自覚が転換軸にほかならない。「よく瓦礫をして金と成さんがごとくせしむ」（一七三）「真理の一言は悪業を転じて善業となす」（一九九）に、これを読みとる。

「『即』の言は願力を聞くによりて報土の真因決定する時剋の極促を光闡するなり。『必』の言は、審なり、然なり、分極なり、金剛心成就の貌なり」（一七〇）は、転換の絶対性・自覚性とともに、それが「時剋の極促」（願力を聞く瞬間）として瞬間なるを説く。日常的な時間は連続的である。また物理学は時間が計算される何ものかという考え方を離そうとはせぬ。カントは時間を先天的な直観形式として人間主体性の方向に引きつけて考えた。つまり実体的な時間はない。ところで「時剋の極促」は、日常的・科学的な時間表象にはいうまでもなく、カントの考え方のなかにも入って来ない。「時剋の極促」は、時における出来事でない。むしろ永遠が時を截る瞬間、永遠の現在をいう。「苦を脱れ楽を得ること一刹那のあひだなり」（一八一）は、臨終における「時剋の極促」の功徳全現を説くであろう。「おほよそ往相回向の行信について、行にすなはち一念あり。また信に一念あり。行の一念といふは、いはく、称名の遍数について選択易行の至極を顕開す」（一八七）に鑑みるに、称々念々が絶対。常称は絶対の相続なることはあきらかである。それゆえに、念仏三昧は、三世を摂む。そういうかたちで念仏三昧において「見」が語られる。「心を一仏に係けて相貌を観ぜず、もつぱら名字を称すれば、すなはち念のなかにおいてかの阿弥陀仏および一切の仏等を見ることを得」（一六三―一六四）。「いま弥勒付嘱の『一念』はすなはちこれ一声なり」(一八九)は、声として伝承される永遠にほかならぬ。もし時間における出来事ならば、常称・相続・「行往坐臥、一切時処」(一六七)ということが出て来ない。端的に言えば、時の本質は如来だと思う。それゆえに「歩々・称々・念々、ただ阿弥陀仏にあり」(七祖、一〇三九)「選択易行の至極」(一八七)「大利無上」(一八九)と言われるのである。

さきに、現代人を帰するところを見失った流浪の旅人、故郷喪失と述べた。ところで「ゆめゆめ回心して帰去来。借問ふ。家郷はいづれの処にかある。極楽の池のうち七宝の台なり」(一七三)から、居場所発見の慶びが響く。しかも居場所の発見は、人間からではない。「七宝の台」で象徴されるように絶対に他なる方向からである。「定心は深く仏法に入りて心動ずべからず」(一五一)は、居場所が「家郷」としての落着きを説く。発見そのものが仏の施与なのである。「悲願は……なほ大地のごとし三世十方一切如来出生するがゆゑに」(二〇〇－二〇一)の釈は、悲願が仏子誕生の場所・居場所なることを語る。「願もつて力を成ず、力もつて願に就く。願徒然ならず、力虚設ならず。力願あひ符うて畢竟じて差はず。ゆゑに成就といふ」(一九八)は、居場所が往生の必然性・「十即十生、百即百生」(一六五)によって統べられた力の場なるを讃じる。また「衆生を愍念すること骨体に徹入する」(一五二)「一切衆生のために仏道を求む」(一五二)「九品に敷いてもつて人を収むること、それ仏の名号なりと」(一七一)は、功徳全現としての居場所を讃じる。は、それが慈悲と利他の大活動の場であることを意味する。ゆえに居場所は、絶対に人間的でない。居場所において人間の本質を語れば、人間の本質はかならずしも人間的でない。

全体の転成ゆえに、感性・理性が意味を転じて浄土真実の証明の場となる。「なほ好密のごとし、一切功徳の味はひを円満せるがゆゑに」（二〇〇）は、感性・情念に現われる名号功徳をいう。

「弥陀の本願ことに超殊せり。慈悲方便して凡夫を引く。一切衆生みな度脱す。名を称すれば、すなはち罪消除することを得。凡夫もし西方に到ることを得れば、曠劫塵沙の罪消亡す」（一七一－一七二）。引用法語、転成の場所が一切衆生を含むこと此岸に残る何ものもないことを説く。「貴賤を簡ばず、みな往生を得しむ。ゆゑに〈著無上下〉といふ」（一七六）。「一切生老死を度せん」（一四五）。「賢愚を択ばず、緇素を簡ばず、修行の久近を論ぜず、造罪の重軽を問はず、ただ決定の信心すなはちこれ往生の因種ならしむ」（一七八）。「大小の聖人・重軽の悪人、みな同じく斉しく選択の大宝海に帰して念仏成仏すべし」（一八六）。以上あきらかなように、大行・大信においてあらゆる相対的差別は意味を失う。「悲願はたとえば……なほ大車のごとし、あまねくよくもろもろの凡聖を運載するがゆゑに」（二〇〇）は、この間の消息を伝える。一切衆生は、斉しく同じく悲願に対するのである。「無足・二足および多足衆生のなかの尊なり」（一八四）は、そういう平等の世界の開けを説くであろう。「草の庵に立ても居ても祈ること我より先に人をわたさむ」[2]――それが仏心ということである。すなわち念仏において「娑婆永劫の苦」（五九二）「生死の苦海」（五七九）が、三世十方一切諸仏の浄土に転成する。翻って、「平等覚」（五五七）に対するのは、エゴイズムである。私たちは比較のなかに頭出頭没、そのもとにエゴイズムがある。例えば、芥川竜之介の蜘蛛の糸は、エゴイズムを語る（芥川の自殺のもとにエゴイズムがあったと思う。彼はどうしようもないエゴイズムに苦しんだのであろう）。われひとり先にたすかりたいというエゴイズムは、仏心から最も遠い。

　ニヒリズムは、すべての価値の相対化として相対的目的に相対的に関係する。そこに絶対的目的に絶対的に関係するという仏道修行の射影があろう。そこから言えば、ニヒリズムは積極的創造的な意味をもって来る。すなわち転成に開ける居場所は、諸仏の林立するところニヒリズムを背後にするところ淋しさと虚しさの跡断えるところである。孤独が孤独のままそれ自身を解消するわけである。しかしこの世は散乱の場、散りちりばらばらに別れゆくところとして虚無のもとにある。これに対して浄土はすべてを一つに集めるところ、恩讐を超えて挨拶し合うところである。「永く老病を除き無常を離る」（一七二）。浄土往生は一切の苦抜け、これ以上の慶びと祝福はない。それこそ人生根本問題の解決、そしてそのほかに解決はない。「業道成弁」（一八九）「真理の一言は悪業を転じて善業と成す」（一九九）は人生根本問題の解決にほかならぬ。生きる意味は、念仏からのみ開示される。

転成は「生死を出る」「三界輪転の事を勉る」（一九三）にほかならぬ。「生死出づべき道」（八一二）が称名と現れ、称名は生死を出るすがた。「南無阿弥陀仏　往生の業には、念仏を先となす」（七祖、一一八三）。「往生の業」とは「生死を離れん《（る）》」（七祖、一二八五）の謂い。「生死出づべき道」は、「涅槃の門を開く」とともに「三悪道の門を閉ず」（一四七）。称名は開閉の二義を含む。

「『十方の無礙人、一道より生死を出づ』と。『一道』とは一無礙道なり。『無礙』とはいはく、生死すなはちこれ涅槃と知るなり」（七祖、一五五）。称名は生死を出るすがたとして、居場所の活潑潑地である。「南無といふは、すなはちこれ帰命なり、またこれ発願回向の義なり、阿弥陀仏といふはすなはちこれその行なり。この義をもつてのゆゑにかならず往生を得」（一八六）に、居場所の躍動を看取し得るであろう。しかし単なる動ではない。「動の静を失せざることは智慧の功なり。静の動を癈せざることは方便の力なり」（七祖、一四八）の指南により、居場所は静と一つの動、動と一つの静と言わねばならぬ。動即静　静即動が居場所の構造を成す。そういう躍動する全体を現して、南無阿弥陀仏は一気に読まれるべきである。南無と阿弥陀仏とは分析できぬ。〝たすくると一つのため、たのめと一つのたすくる〟、称名に二字即六字　六字即二字という意味がある。その一を現して、親の呼び声子の返事。南無阿弥陀仏のひとり働きとは、その謂い。すなわち名号は一切衆生を利益するすがた。「専修正行の繁昌は遺弟の念力より成ず」（一二七二）は、これを受ける。ところでニヒリズムは、すべての価値の相対化であった。ニヒリストは何ものにも本気にかかわるということ、相対的目的に絶対的に関係するということがない。これには深い真理がある。聖徳太子の御持言と伝えられる「世間虚仮」にニヒリズムの精神が流れているだろう。また同じく「唯仏是真」は、ニヒリストを通り抜けたブッディストを語ると言える。光寿二無量を開いて、「世間虚仮　唯仏是真」。「世間虚仮」は仏光に照破された世間の翳と言える。しかし名号そのものは、光と翳を離れる。「臨終にもろもろの怖畏を離れしめ、身心安快にして衆聖現前し、授手接引せらるることを得、はじめて塵労を離れてすなはち不退に至り、長劫を歴ず、すなはち無生を得んと欲はば、まさにこの法等を学すべしと」（一八二）は、居場所・正定聚の功徳の全現と解せられる。すなわち正定聚は、「安養浄刹の大利」（一九六）の先取りと言える。浄土への必然性・「不退転」（一四二）が正定聚・安心となる。その意味で、居場所は安心の場にほかならぬ。「難思議往生」（三〇六）は、何とめでたい往生ではないか。

「生死を出づ」の自由（Freiheit）は、人間にはない。恣意（Willkür）はあるかもしれないが、新しく創める能力としての自由はない。「卯毛・羊毛のさきにゐるちりばかりもつくる罪の、宿業にあらずといふことなしとしるべし」（八四二）「さるべき業縁のもよほさば、いかなるふるまひもすべし」（八四四）は、あきらかに自由の否定を意味する。業論は広い意味での決定論と言わねばならぬ。広い意味というのは、恣意を含むから。すなわち人間は業報必然の世界に住む。「凡人の臨終は識神主なし。善悪の業種発現せざることなし。あるいは悪念を起し、あるいは邪見を起し、あるいは繫恋を生じ、あるいは猖狂悪相を発せん。もつぱらみな顚倒の因と名づくるにあらずや」（一八一）は、業報必然を説く。ゆえに「生死を出づ」の自由は、まさに如来の施与。「念仏者は無礙の一道なり」（八三六）「もしよく菩提心のなかに念仏三昧を行ずれば、一切の悪神、一切の諸障、この人を見ず、もろもろの処々に随ひてよく遮障することなきなり」（一六二）に鑑みるに、自由は念仏の中にのみあることは、白日のようにあきらかである。念仏者は「自在人」（五五六）と言える。

「世・出世間の功徳円満せり」（一八五）は、名号による倫理の定礎をも説くと考えられる。「煩悩具足の身なればとて、こころにまかせて、身にもすまじきことをもゆるし、口にもいふまじきことをゆるし、こころにもおもふまじきことをもゆるして、いかにもこころのままにてあるべしと申しあうて候ふらんこそ、かへすがへす不便におぼえ候へ。酔ひもさめぬさきに、なほ酒をすすめ、毒も消えやらぬに、いよいよ毒をすすめんがごとし。薬あり毒を好めと候ふらんことは、あるべくも候はずとぞおぼえ候ふ。……『かように悪をこのまんにはつつしんでとほざかれ、ちかづくべからず』（散善義・意）」（七三九－七四一）は、名号の功徳の現実化、還相の倫理を諭す。翻って自力の倫理は、もし言えるならば往相の倫理である。往相の倫理は挫折する。ゆえに創造的行為が言わるべきならば、還相の倫理のほかにない。すなわち称名のみが、自由即必然　必然即自由の深い真理をとらえるのである。転成は自由と必然の両義を摂む。一切のはからいが否定されて創造的自由に転ずるわけである。これほどの慰めはなかろう。「久遠の因によりて、仏に値ひ、法を聞きて慶喜すべきがゆゑに」（一七五）は、無始よりこのかたの如来の調熟の現実化としての称名念仏を説くであろう。三世の視野における自由と業報必然の統一、つまり無礙の一道の言挙げである。

「海」といふは、久遠よりこのかた、凡聖所修の雑修雑善の川水を転じ、逆謗闡提恒沙無明の海水を転じて、本願大悲智慧真実恒沙万徳の大宝海水となる。これを海のごときに喩ふるなり。まことに知んぬ、経に説きて「煩悩の氷解けて功徳の水となる」とのたまへるがごとし。以上（一九七）

願海は二乗雑善の中下の屍骸を宿さず。いかにいはんや人天の虚仮邪偽の善業、雑毒雑心の屍骸を宿さんや。（一九七）

「一乗界」といふは、「一乗」は大乗なり。大乗は仏乗なり。一乗を得るは阿耨多羅三藐三菩提を得るなり。阿耨菩提はすなはちこれ涅槃界なり。涅槃界はすなはちこれ究竟法身なり。究竟法身を得るはすなはち一乗を究竟するなり。異の如来ましまさず、異の法身ましまさず。如来はすなはち法身なり。一乗を究竟するはすなはちこれ無辺不断なり。大乗は二乗・三乗あることなし。二乗・三乗は一乗に入らしめんとなり。一乗はすなはち第一義乗なり。ただこれ誓願一仏乗なり。（一九五）

「福智蔵を円満し、方便蔵を開顕せしむ」（二〇二）は、「一乗海」における要門・真門への視圏、行巻と化身土巻の本質的つながりの開顕であろう。大行はかくも豊潤である。もし「方便蔵」を排除せば、大行は相対性を残す。「一乗海」の動くすがたが、大行と言える。

「念仏諸善比校対論」（一九九）「機について対論」（一九九）が、一乗海釈に続く。そして「本願一乗海を案ずるに、円融満足極速無礙絶対不二の教なり」（一九九）「一乗海の機を案ずるに、金剛の信心は絶対不二の機なり」（一九九－二〇〇）と結ばれる。「絶対不二」は、「機法一体」と同義。絶対不二・機法一体は、法・教を対象的に見る自己の切断、仏と自己を両方向に同時に突破することを意味す。そういうかたちで阿弥陀仏が阿弥陀仏と成るために衆生を招喚するわけである。「ただ念仏の衆生を観そなはして、摂取して捨てざるがゆゑに阿弥陀と名づく」（一六五）は、この意であろう。以上あきらかに、阿弥陀仏のリィアリティーの証明としての摂取不捨である。摂取不捨は弥陀と自己の相互媒介・相互自覚と言わねばならない。それは「よく一切憍慢の鎧を断つ」（二〇〇）と讃じられるように、自己が自己をとらえて離さないという自惚れの切断として「利剣」（一六九）のはたらきにほかならぬ。「一乗海」は、機教ともに摂する。「絶対不二」とは、そのことであろう。「絶対不二」は比較を絶し唯一無二の義、機と教を同時に両方向に突破するところに開ける絶対の一――それが一乗海。機を摂するゆえに「一乗海」は対象的思考・表象に入って来ない。それは観想の対象ではない。教と機の同一は、回心・転成としてのみ自覚されるのである。「如来の智慧海は、深広にして涯底なし。二乗の測るところにあらず。ただ仏のみ独りあきらかに了りたまへり」（一九七）に鑑みて、絶対不二・機法一体は、絶対知の光照にほかならぬ。絶対知が教行信証全体を透徹する。

まことに知んぬ、徳号の慈父ましまさずは能生の因闕けなん。光明の悲母ましまさずは所生の縁乖きなん。能所の因縁和合すべしといへども、信心の業識にあらずは光明土に到ることなし。真実信の業識、これすなはち内因とす。光明・名の父母、これすなはち外縁とす。内外の因縁和合して報土の真身を得生す。ゆゑに宗師（善導）は、『光明・名号をもつて十方を摂化したまふ、ただ信心をして求念せしむ』（礼讃　六五九）とのたまへり。また『念仏成仏これ真宗』（五会法事讃）といへり。また「真宗遇ひがたし」（散善義　五〇一）といへるをや、知るべしと。（一八七）

深心はすなはちこれ真実の信心なり。自身はこれ煩悩を具足せる凡夫、善根薄少にして三界に流転して家宅を出でずと信知す。いま弥陀の本弘誓願は、名号を称すること下至十声聞等に及ぶまで、さだめて往生を得しむと信知して、一念に至るに及ぶまで疑心あることなし。ゆゑに深信と名づくと。（一八八）

右の二文、行巻より信巻への展望を開くであろう。

四信

それおもんみれば、信楽を獲得することは、如来選択の願心より発起す。真心を開闡することは、大聖（釈尊）矜哀の善巧より顕彰せり。

しかるに末代の道俗、近世の宗師、自性唯心に沈みて浄土の真証を貶す、定散の自心に迷ひて金剛の真信に昏し。

ここに愚禿釈の親鸞、諸仏如来の真説に信順して、論家・釈家の宗義を披閲す。広く三経の光沢を蒙りて、ことに一心の華文を開く。しばらく疑問を至してつひに明証を出す。まことに仏恩の深重なるを念じて、人倫の哢言を恥ぢず。浄邦を欣ふ徒衆、穢域を厭ふ庶類、取捨を加ふといへども毀謗を生ずることなかれとなり。（二〇九）

「一色を花にゆずって水瓜かな」という句を聞いたことがある。水瓜の黄色い花が咲けば、熟すると他の色がおのずから備わる。「一つには宿善、二つには善知識、三つには光明、四つには信心、五つには名号」（一一二六）「五重の義」（一一二六）が、信心一つに摂まる――それが句意。信心を花に譬えるわけである。『教行信証』六巻の肝要をおさえれば信巻であろう。別序はこの意を伝えると拝察される。

既述のように、浄土真実を開いて六巻、各巻が相互に包摂し合う。信巻も浄土真実に包摂される。ところで標挙「至心信楽の願　正定聚の機」（二一〇）に鑑みるに、願と機が信巻を通底する。問題はその関係であろう。如来は自己といかようにかかわるのか。関係における自己は、およそ何ものだろうか。

仏意測りがたし。しかりといへども、ひそかにこの心を推するに、一切の群生海、無始よりこのかた乃至今日今時に至るまで、穢悪汚染にして清浄の心なし、虚仮諂偽にして真実の心なし。ここをもつて如来、一切苦悩の衆生海を悲憫して、不可思議兆載永劫において、菩薩の行を行じたまひし時、三業の所修、一念一刹那も清浄ならざることなし、真心ならざることなし。如来、清浄の真心をもつて、円融無礙不可思議不可称不可説の至徳を成就したまへり。如来の至心をもって、諸有の一切煩悩悪行邪智の群生海に回施したまへり。すなわちこれ利他の真心を彰す。ゆゑに疑蓋雑はることなし。この至心はすなはちこれ至徳の尊号をその体とせるなり。（二三一－二三二）

次に信楽といふは、すなはちこれ如来の満足大悲円融無礙の信心海なり。このゆゑに疑蓋間雑あることなし。ゆゑに信楽と名づく。すなはち利他回向の至心をもつて信楽の体とするなり。しかるに無始よりこのかた、一切群生海、無明海に流転し、諸有輪に沈迷し、衆苦論に繋縛せられて、清浄の信楽なし、法爾として真実の信楽なし。ここをもつて無上の功徳値遇しがたく、最勝の浄心獲得しがたし。一切凡小、一切時のうちに、貪愛の心つねによく善心を汚し、瞋憎の心つねによく法財を焼く。急作急修して頭燃を灸ふがごとくすれども、すべて雑毒雑修の善と名づく。また虚仮諂偽の行と名づく。真実の業と名づけざるなり。この虚仮諂偽の善をもつて無量光明土に生ぜんと欲する、これかならず不可なり。なにをもつてのゆゑに、まさしく如来、菩薩の行を行じたまひし時、三業の所修、乃至一念一刹那も、疑蓋雑はることなきによりてなり。この心はすなはち如来の大悲心なるがゆゑに、かならず報土の正定の因となる。如来、苦悩の群生海を悲憐して、無礙広大の浄信をもつて諸有海に回施したまへり。これを利他真実の信心と名づく。（二三四－二三五）

　次に欲生といふは、すなはちこれ如来、諸有の群生を招喚したまふの勅命なり。すなはち真実の信楽をもつて欲生の体とするなり。まことにこれ大小・凡聖、定散自力の回向にあらず。ゆゑに不回向と名づくるなり。しかるに微塵界の有情、煩悩海に流転し、生死海に漂没して、清浄の回向心なし。真実の回向心なし。このゆゑに如来、一切苦悩の群生海を矜哀して、菩薩の行を行じたまひし時、三業の所修、乃至一念一刹那も、回向心を首として大悲心を成就することを得たまへるがゆゑに、利他真実の欲生心をもつて諸有海に回施したまへり。欲生すなはちこれ回向心なり。これすなはち大悲心なるがゆゑに、疑蓋雑はることなし。（二四一）

信文類から至心釈・信楽釈・欲生釈を引用した。いずれの釈も衆生の如来からの深い分裂を開いている。「清浄の心なし……真実の心なし」「清浄の信楽なし……真実の信楽なし」「清浄の回向心なし。真実の回向心なし」は、その分裂局面にほかならぬ。「外に賢善精進の相を現ずることを得ざれ、内に虚仮を懐いて、貪瞋・邪偽・奸詐百端にして悪性侵めがたし、事蛇蝎に同じ、三業を起すといへども、名づけて雑毒の善とす、また虚仮の行と名づく、真実の業と名づけざるなり」（二一七）は、局面の真実からの断絶を説く。釈は弁証法的構造を示す。分裂局面が信巻を通底、その基調を構成すると思われる。「三一問答」（二二九－二五二）が信巻の核心、ゆえに『教行信証』の核心中の核心であろう。分裂局面がその生命線と言える。

一切のもろもろの罪は、性みな如なり。顚倒の因縁、妄心より起る。（七祖、一〇二〇）

「一切のもろもろの衆生の、無始の幻の無明は、みなもろもろの如来の、円覚の心より建立せり」と。まさに知るべし、生死即涅槃なり、煩悩即菩提なり、円融無礙にして無二無別なり、しかるを一念の妄心によりて、生死の界に入りにしよりこのかた、無明の病に盲ひられて、久しく本覚の道を忘れたり。（七祖、一〇四八－一〇四九）

右の聖語、真如からの墜落を語る。善か悪か択一の自由はあった。しかし選択しないという自由はなかった。それが悪への自由として使われた。そういう自由の使用が墜落にほかならぬ。墜落が分裂局面を開いた。あるいは墜落としての分裂局面である。真如との絶対の断絶としての局面。「難治の三病・難化の三機」（二六六）は、局面の内実にほかならぬ。局面は「顛倒の因縁、妄心」に由来、無始無明・妄心によって規定される。墜落・忽然念起無明が生死流転、時の流れを引き起こしたのだろう。曇鸞の指南によれば、無始無明は「身見」（七祖、二二八）にほかならぬ。されば「身見」を離れて実体的な時間があるわけではない。

「〈東の岸〉といふは、すなはちこの娑婆の火宅に喩ふ。〈群賊・悪獣詐り親しむ〉といふは、すなはち衆生の六根・六識・六塵・四大に喩ふ」（二二五）の指南によって、分裂局面が身心全体を含むことはあきらか。局面は顛倒の妄見によって規定された人間全体のあり方にほかならぬ。感性・理性とともに山河大地もそこに摂せられる。

また、「無始よりこのかた乃至今日今時に至るまで」（二三二）により、局面が時間的にも空間的にも人生・現生という限られた枠におさまらぬことはあきらかである。局面は、「自己」のなかに入って来ない、「自己」から遠く及ばぬ。「三有の生死」（二五五）の場として限りなく深くて広い。「五濁五苦」（二一六）「生死の流」（二五五）「生死の苦海」（五七九）は、それを語るであろう。「煩悩深くして底なく、生死の海無辺なり」（七祖、六七〇）。広大無辺の只中にただ一人投げ出されている——これを不安と呼ばずして何と言うか。人間存在は不安そのものなのだ。「凡夫の衆生は身口意の三業に罪を造るをもつて、三界に輪転して窮まり已むことあることなからん」（七祖、一三八）「〈身口意業もし清浄ならずは、まさに知るべし、この人かならず地獄に堕せん〉」（二七五）「いづれの行もおよびがなき身なれば、とても地獄は一定すみかぞかし」（八三三）によって、局面が業因果・「業力不可思議」（三六〇）の統べるところなることは疑いの余地がない。因果は自明必然、証明を俟たぬ。「《この児生れをはりて、まさにその父を殺すべし》」（二九二）に、因果必然を読みとる。「〈われいま身心あに痛まざることを得んや〉」（二七〇）は、業道自然・悪因悪果の現実化であろう。阿闍世は、順現業として「大苦悩」（二六九）を受けた。「王の悪業かならず勉るることを得じ」（二七六）に業道必然を看取する。業論は広い意味での決定論だと思う。

「卯毛・羊毛のさきにゐるちりばかりもつくる罪の、宿業にあらずといふことなしとしるべし」（八四二）は、因果必然を語る。この世は業報必然の世界、そこに自由はない。「さるべき業縁のもよほさば、いかなるふるまひもすべし」（八四四）は、これを語る。自由とは責任能力。ゆゑに自由がないこととは、後悔の根拠を抜くことを意味する。後悔は全く無意味と言わねばならぬ。ところであらゆる苦しみは自己主張の抑圧、つまり思うようにならないというところから来るから、『歎異抄』の言葉は自己主張の迷妄性を暴き出すであろう。だが、それは必ずしも消極的諦念ではない。何とかしたい何とか打開したいといろいろ工夫努力するのは、当然かつ大事なことであるが、どうにもならないなるようにしかならないというところが必ずある。親鸞聖人の言葉は、そういう自力思想に鉄壁のように立ちはだかる。心理学者や精神科医の言うように、人間は何らかの自己肯定感なしに生きていけないから、普通の意味では親鸞聖人の言葉は受け容れられないだろう。信心なしに『歎異抄』はわからぬ。

真の意味の自由はない（恣意としての自由はあるけれども）ということは、考えるに値する厳粛な事実である。既述のように、忽然念起無明は自由の悪しき使用であった。それによって善への復帰の道は閉ざされた。すべての世界する世界は、因果必然・業報必然の世界となった。自由は責任能力のことだから、自由の悪しき使用としての責任において自他も世界も現れている。自由ところで形あるものは焼けるが、形のないものはどうしようもない。「罪業もとよりかたちなし　妄想顚倒のなせるなり」（六一九）とあるように、業にはかたちがない。業は焼き場を通り抜ける。考えるに値するのは、まさにこの一点である。悪しき使用のゆえに善への自由は、新しく施与されるほかにない。「転悪成善の益」（二五二）は、これを語るだろう。自由の施与は、罪業と別の何かが付加されることを意味しない。「殺もまたかくのごとし。凡夫は実と謂へり。諸仏世尊はそれ真にあらずと了知したまへり」（二八五）とあるように、信心の功徳として罪業の非実体性があらわになる、「真如はこれ諸法の正体なり」（七祖、一三六）が了知される。罪業・煩悩がその意味を転じる。転成は自由即必然　必然即自由と呼ばるべきだろう。それを人でとらえて無礙人・自由人にほかならぬ。さて、何もかも過去の業因によって決っているという業論は決定論・運命論の印象を与えるかもしれない。しかし、因果必然の世界では生きていけぬ。いわば呼吸もできぬ。キルケゴールのいう必然性の絶望である。では、既引用の『歎異抄』の言葉は、そういう絶望の告白なのか。

『経』（華厳経意）にのたまはく、「十方の無礙人、一道より生死を出づ」と。「一道」とは一無礙道なり。「無礙」とは、いはく、生死すなはちこれ涅槃と知るなり。かくのごとき等の入不二の法門は、無礙の相なり。（七祖、一五五）

「念仏者は無礙の一道なり」。（八三六）

無礙とは何ものにも障えられぬこと、つまり自由の謂い。それを人でとらえて無礙人・自由人である。ここから翻ると、先程の親鸞聖人の言葉が決定論・運命論でないことは、疑いの余地がない。宿業は「無礙の一道」・念仏と一つに言挙げされているから。宿業・「業因縁」（二九〇）において必然を、無礙において自由を読めば、自由即必然　必然即自由の深い真理が説かれている。これ以上の安らぎと慰めは、なかろう。〈業道は秤のごとし、重きものまづ牽く〉（二九八）とある。これを受けて業の軽重、幸不幸は千差万別。それが果報に反映、果報にもいろいろある。「《もしつねに愁苦すれば、愁へつひに増長す。人眠りを喜めば、眠りすなはち滋く多きがごとし。婬を貪し酒を嗜むも、またまたかくのごとし》」（二七二－二七三）とあるように、業煩悩は自家増殖する。海の水を飲めば飲むほど咽が乾くように、金が貯まれば貯まるほど吝嗇になる。業因縁の輪は、無限に繫って反極的に光寿二無量に相応する。〝われあり〟は、そういう全体における〝あり〟。いたるところに全体が開かれ、そこから洩れる何もない。

また、「衆生は身見をもつてのゆゑに三塗の身・卑賤の身・醜陋の身・八難の身・流転の身を受く」（一二八）によって、業因果が「身見」によって統べらるるを知る。「身見」において人間も犬や猫、その他の動物も共通する。すべての生物は、命を惜しむ。所縁の法について「身見」、能縁の法について「我見」、両者ともに無明と同義である。すなわち分裂局面の全体が、「身見」の統べるところと言える。「我見」「身見」は、自己の根源的な閉鎖性にほかならぬ。閉鎖性とは、自己がどこまでも自己自身に関係すること、そういう関係において自己が自己に映る、その映った自己をとらえて離さないことをいう。それゆえに自己は本質的に自惚れという構造を示す。そして閉じたものは、ほかならぬ自己自身であるかぎり、局面の転換は自己・自力によって絶対に不可能だと言わねばならぬ。これを受けて「信楽、最勝にしてはなはだ得ること難し」（二三八）の宣述がある。時間・空間も「身見」の開く地平、それに由来すると思う。「その時に、悪人提婆達多、また過去の業因縁によるがゆゑにまたわが所において不善の心を生じて、われを害せんとす」（二九〇）に、我見の反逆意志への展開を看取し得よう。また、「世尊つねに説きたまはく、〈一切の外は九十五種を学ひて、みな悪道に趣く〉」（二六五）の指南によって、外道は我見・反逆意志に摂せられることは、あきらかであろう。「むしろ如来において不善業をば起すとも、外道・邪見のものの所において供養を施作せざれ。なにをもつてのゆゑに。もし如来の所において不善業を起さば、まさに悔ゆる心ありて、究竟してかならず涅槃に至ることを得べし。外道の見に随ふは、まさに地獄・餓鬼・畜生に堕つべし」（七祖、一一五五―一一五六）。外道は仏教を信じない、仏に背く。無神論者・虚無論者は、仏を信じないから外道に摂せられると思う。

十悪罪より五逆罪が重い。「恩田に背き福田に違するをもつてのゆゑに、これを名づけて逆とす」（三〇四）。五逆罪より誹謗正法罪が重い。『大無量寿経』の願文・成就文ともに「ただ五逆と誹謗正法とをば除く」（一八、四一）とある。この文について曇鸞大師・善導大師ともに独自な危げのない解釈をしておられる。また、総序には「逆謗闡提」（一三一）とある。闡提は断善根と訳し、〝神も仏もあるものか、この世は強いもの勝ちだ。死ねばきれいさっぱり何もない〟と、心に決める人・ニヒリストをいう。「逆謗闡提」において一切の善法は滅し、倫理・道徳はその成立根拠を失う。「《黒業あることなければ、黒業の報なし。白業あることなければ白業の報なし。黒白業なければ、黒白の業報なし。上業および下業のあることなし》」（二六八）――因果撥無の邪見。これほど恐ろしい考え方はない。「もし諸仏・菩薩、世間・出世間の善道を説きて衆生を教化するひとましまさずは、あに仁・義・礼・智・信あることを知らんや。かくのごとき世間の一切善法みな断じ、出世間の一切賢聖みな滅しなん。なんじただ五逆罪の重たることを知りて、五逆罪の正法なきより生ずることを知らず。このゆゑに謗正法の人はその罪最重なりと」（二九八）。以上を受けて五逆、謗法、一闡提が、「難化の三機、難治の三病」（二九五―二九六）と言われる。「逆謗闡提」は、直接的な自己肯定の極点・邪見憍慢の絶頂である。彼は分裂局面を知らぬ。また、それが「逆謗闡提」ということである。おそらく生盲（生まれつき光を失った人）は、闇ということを知らないだろう。これが普通だと思っている。同じように悪人は悪人を知らぬ。それが悪人ということである。「〈われ因地にして悪知識に遇ひて、般若を誹謗して悪道に堕しき。無量劫を経て余行を修すといへども、いまだ出ずることあたはず」（二五九）に、これを読み取る。「無慚愧は名づけて人とせず、名づけて畜生とす」（二七五）の光被を受けて、真人は慚愧・絶対否定にそのもとをもつ。「善いかな善いかな、王罪をなすといへども、心に重悔を生じて慚愧を懐けり」（二七五）に、真人の誕生を看取する。それゆえに「闇はすなはちこれ世間なり」（二三四）は、既に「出世……智明」（二三四）からの発言である。

この世の親でも、親には親の悲しみがある。親になるとは自覚的にそれを引き受けることだろう。「衆生苦悩我苦悩　衆生安楽我安楽」。衆生病むがゆえにわれ病む——大悲の応病と言われる。如来の悲しみを開いて分裂局面。「難治の三病」は名号における局面と呼ばれなければならぬ。「悲憫」（二三一、二三五）「矜哀」（三四二）は、大悲から開かれた局面を語るであろう。衆生のすがたが大悲胸中に映った。それが同時に誓願を呼び起こした。衆生との関係を現して誓願。それゆえに如来を「為物身」（七祖、二三二）と申し上げる。局面はそこに転換の必然性をもつ。

以上述べたように、分裂局面は否定されてはじめて全貌を現す。つまり名号において開かれ、仏智に照破されて我見・身見がわかる。「ただ五逆と誹謗正法を除く」（二一二）は、これをいう。したがって分裂局面は徹底的に二義的と言わねばならぬ。「地獄一定」（八三三）はそのまま「往生一定」（一二二七）、「往生一定」はそのまま「地獄一定」。同じ一つの「一定」として局面は転換軸にほかならぬ。三百六十度の転換の動機を蔵して分裂局面がそれとして現れるのである。局面は、仏智に統べられるかぎり自覚即超克という構造をもつ（人間の力で局面を向こうに越えていくことができない、転換は他力）。西田哲学の絶対矛盾の自己同一は、この論理であろう。

また一切往生人等にまうさく、いまさらに行者のために一つの譬喩（喩の字、さとす）を説きて、信心を守護して、もつて外邪異見の難を防がん。なにものかこれや。たとへば人ありて、西に向かひて行かんとするに百千の里ならん。忽然として中路に見れば二つの河あり。一つにはこれ火の河、南にあり。二つにはこれ水の河、北にあり。二河おのおの闊さ百歩、おのおの深くして底なし。南北辺なし。まさしく水火の中間にひとつの白道あり、闊さ四五寸ばかりなるべし。この道、東の岸より西の岸に至るに、また長さ百歩、その水の波浪交はり過ぎて道を湿す。その火焔（焔、けむりあるなり、炎、けむりなきほのほなり）また来りて道を焼く。水火あひ交はりて、つねにして休息することなけん。この人すでに空曠のはるかなる処に至るに、さらに人物なし。多く群賊、悪獣ありて、この人の単独なるを見て、競ひ来りてこの人を殺さんとす。死を怖れてただちに走りて西に向かふに、忽然としてこの大河を見て、すなはちみづから念言すらく、〈この河、南北に辺畔を見ず、中間に一つの白道を見る、きはめてこれ狭少なり。二つの岸あひ去ること近しといへども、なによりてか行くべき。今日さだめて死せんこと疑はず。まさしく到り回らんと欲へば、群賊・悪獣、漸々に来り逼む。まさしく南北に避り走らんとすれば、悪獣・毒虫、競ひ来りてわれに向かふ。まさしく西に向かひて道を尋ねて去かんとすれば、またおそらくはこの水火の二河に堕せんことを〉と。時に当りて惶怖することまたいふべからず。すなはちみづから思念すらく、〈われいま回らばまた死せん、住まらばまた死せん、去かばまた死せん。一種として死を勉れざれば、われ寧くこの道を尋ねて前に向かひて去かん。すでにこの道あり、かならず可度すべし〉と。この念をなす時、東の岸にたちまちに人の勧むる声を聞く、〈きみただ決定してこの道を尋ねて行け、かならず死の難なけん。もし住まらばすなはち死せん〉と。また西の岸の上に、人ありて喚ばひていはく、〈なんじ一心に正念にしてただちに来れ、われよくなんじを護らん。すべて水火の難に堕せんことを畏れざれ〉と。この人、すでにここに遣はし、かしこに喚ばふを聞きて、すなはちみづからまさしく身心に当りて、決定して道を尋ねてただちに進んで、疑怯退心を生せずして、あるいは行くこと一分二分するに、東の岸の群賊等喚ばひていはく、〈きみ回り来れ、この道嶮悪なり、過ぐることを得じ。かならず死せんことを疑はず。われらすべて悪心あつてあひ向かふことなし〉と。この人、喚ばふ声を聞くといへども、また回顧みず、心にただちに進んで道を念じて行けば、須臾にすなはち西の岸に到りて、永くもろもろの難を離る。善友あひ見て慶楽すること已むことなからんがごとし。これはこれ、喩〈喩の字、をしへなり〉へなり。

次に喩へを合せば、〈東の岸〉といふは、すなはちこの娑婆の火宅に喩ふ。〈西の岸〉といふは、すなはち極楽宝国に喩ふ。〈群賊悪獣詐り親しむ〉といふは、すなはち衆生の六根・六塵・五陰・四大に喩ふ。〈無人空迥の沢〉といふは、すなはちつねに悪友に随ひて真の善知識に値はざるに喩ふ。〈水火の二河〉といふは、すなはち衆生の貪愛は水のごとし、瞋憎は火のごとしと喩ふ。〈中間の白道四五寸〉といふは、すなはち衆生の貪瞋煩悩のなかに、よく清浄願往生の心を生ぜしむるに喩ふ。いまし貪瞋強きによるがゆゑに、すなはち水火のごとしと喩ふ。善心微なるがゆゑに、白道のごとしと喩ふ。また〈水波つねに道を湿す〉とは、すなはち愛心つねに起りてよく善心を染汚するに喩ふ。また〈火焔つねに道を焼く〉は、すなはち瞋嫌の心よく功徳の法財を焼くに喩ふ。〈人、道の上を行いて、ただちに西に向かふ〉といふは、すなはちもろもろの行業を回してただちに西方に向かふに喩ふ。〈東の岸に人の声の勧め遣はすを聞きて、道を尋ねてただちに西に進む〉といふは、すなはち釈迦すでに滅したまひて、後の人見たてまつらず、なほ教法ありて尋ぬべきに喩ふ。すなはちこれを声のごとしと喩ふるなり。〈あるいは行くこと一分二分するに群賊等喚び回す〉といふは、すなはち別解・別行・悪見の人等、みだりに見解をもつてたがひにあひ惑乱し、およびみづから罪を造りて退失すと説くに喩ふるなり。〈西の岸の上に人ありて喚ばふ〉といふは、すなはち弥陀の願意に喩ふ。〈須臾に西の岸に到りて善友あひ見て喜ぶ〉といふは、すなはち衆生久しく生死に沈みて、曠劫より輪廻し、迷倒してみづから纏ひて、解脱するに由なし。仰いで釈迦発遣して、指へて西方に向かへたまふことを蒙り、また弥陀の悲心招喚したまふによつて、いま二尊の意に信順して、水火の二河を顧みず、念々に遺るることなく、かの願力の道に乗じて、捨命以後かの国に生ずることを得て、仏とあひ見て慶喜すること、なんぞ極まらんと喩ふるなり。（二二三－二二七）

「百歩」とは、人寿百歳に譬ふるなり。「群賊・悪獣」とは、「群賊」とは、別解・別行・異見・異執・悪見・邪心・定散自力の心なり。「悪獣」とは、六根・六識・六塵・五陰・四大なり。「つねに悪友に随ふ」といふは、「悪友」とは善友に対す。雑毒・虚仮の人なり。「〈無人空迥の沢〉といふは、悪友なり。真の善知識に値はざるなり」となり。（五三六）

「白道四五寸」といふは、「白道」とは、白の言は黒に対す、道の言は路に対す、白とは、すなはちこれ六度万行、定散なり。これすなはち自力小善の路なり。黒とは、すなはちこれ六趣・四生・二十五有・十二類生の黒悪道なり。「四五寸」とは、四の言は四大、毒蛇に喩ふるなり。五の言は五陰、悪獣に喩ふるなり。「能生清浄願往生心」といふは、無上の信心、金剛の真心を発起するなり、これは如来回向の信楽なり。（五三七）

『観経疏』と『愚禿鈔』を勘案するに、「無上の信心、金剛の真心」（五三七）開発の場所は、衆生の身心を媒介することはあきらか。「六根・六識・六塵・五陰・四大」（二二五）「欲覚・瞋覚・害覚」（二二三）に鑑るに、信心は感覚器官の全体を絶対否定即肯定的に含むのである。感性の直下において脱自すると言える。身心全体を離れて信心・真心は考えられぬ。自己存在の全体が本願との関係に入るわけである。更に言えば、阿弥陀が私になるというかたちで、私が阿弥陀を生きる。私における法蔵菩薩の願行の現成、それが仏道修行にほかならぬ。ゆえに修行は無上道とならざるを得ない。「衆生の貪瞋煩悩のなかに、よく清浄願往生の心を生ぜしむ」（三二五）は、無上道の開顕にほかならない。それを忘れると法蔵菩薩も表象・観念にとどまる。仏と私の一つなるところを説いて、「人寿百歳」（五三六）であろう。三定死を踏まえてこそ念仏行者と言える。絶対的な前後裁断をふまえて宗教的生は成立するのである。ゆえに宗教を「人間」の生んだものとする文化的理解は当らない。釈尊を一歩でも近づかねばならない理想像・努力目標というように考えるのは、仏陀の本質に的中しない。

「娑婆の火宅」（二二五）は、生がそもそも課題的なることを説く。これを受けて人生は仏道修行の道場である。また、既述のように〈無人空迥の沢〉（五三六）は、ニヒリズムの荒野を象徴するだろう。荒野というのは、この世には絶対的に関係すべき何もないこと、あらゆる価値の相対化を含意する。すなわち「欣浄厭穢の妙術」（二一一）には、ニヒリズムが貫流している。ニーチェが言うように、ニヒリズムはあらゆる価値の転換・価値の相対化、「すべては虚しい」。ニヒリズムは唯物論・観念論・理想論その他と並ぶ一つの思想ではなく、一切がニヒリズムに集まる。「うきよ《（浮世）》ふぬけ《（腑抜け）》になるがよい[3]」は、ニヒリズムと響き合うであろう。ニヒリズムはそもそも実存的であるが、現代人には生き方としてのそういう深まりは見られない。ニヒリズムが実存的・論理的につきつめられず、気分的・感覚的にとどまっている。ニヒリズムというも現代人には思いこみ・表象・イデオロギィーにすぎないだろう。しかし、イデオロギィーでかたのつくものは、何一つない。すべてがニヒリズムに集まるかぎり、ニヒリズムはニヒリズムを通すほかに超えられない。「欣浄厭穢の妙術」(二一二)は、ニヒリズムを通ってニヒリズムを克えることであろう。このようにブディストは、ニヒリストを背後にする。「生死に処して疲厭なけん」(二四〇)は、まさにニヒリズムの超克、生死の意味転換にほかならぬ。ニヒリズムの底を抜くとは、何かに頼らなければ生きて行けないという相対的目的に絶対的に関係する人間の弱さを背後にすること、真の意味における独り立ち「随処作主」を意味する。そこに比較から抜け出すということがある。比較は骨の髄まで私たちを苦めるから、それは苦悩の根源の断除にほかならぬ。「まことに仏恩の深重なるを念じて、人倫の哢言を恥ぢず」(二〇九)は、独立自存・絶対主体道の宣言である。

「二河譬喩」の核心は、「三定死」にある。「娑婆の火宅」から「極楽宝国」に到る道は、必ず「三定死」に遭遇、それを抜きにして「生死出づべき道」(八二二)はない。「三定死」は、仏道修行の最難関あるいはむしろ修行そのものと言わねばならぬ。「平生のとき善知識のことばのしたに帰命の一念を発得せば、そのときをもつて娑婆のをはり、臨終とおもふべし」

（八六六）における「臨終」は、「三定死」を意味する。また、「この娑婆生死の五蘊所成の内身いまだやぶれずといへども、生死流転の本源をつなぐ自力の迷情、共発金剛心の一念にやぶれて、知識伝持の仏語に帰属するをこそ、『自力をすてて他力に帰する』ともなづけ、また『即得往生』ともならひはんべれ」（九四四）によって、「三定死」が自力の死をいうことはあきらか。さしあたり、肉体の死とは何の関係もない。「三定死」と肉体の死とは絶対に異質的、前者から後者を考えることはできるが、逆はない。肉体の死は、呼吸が停止し心臓が脈動を止めるという自然現象と見ることもできるだろう。そこから言えば、木の葉が一枚散るようなものである。

凡夫の衆生は身口意の三業に罪を造るをもつて、三界に輪転して窮まり已むことあることなからん。このゆゑに諸仏・菩薩は、身口意の三業を荘厳して、もつて衆生の虚誑の三業を治するなり。いかんがもつて治す。衆生は身見をもつてのゆゑに三塗の身・卑賤の身・醜陋の身・流転の身を受く。かくのごとき等の衆生、阿弥陀如来の相好光明の身を見たてまつれば、上のごとき種々の身業の繋縛、みな解脱を得て、如来の家に入りて畢竟じて平等の身業を得。（七祖、一一八）

家屋の作者よ！汝の正体は見られてしまった。汝はもはや家屋を作ることはないであろ

う。汝の梁はすべて折れ、家の屋根は壊れてしまった。心は形成作用を離れて、妄執を滅ぼし尽くした。(4)

右記、「家屋」は身体を「作者」は「身見」をいう。大工あって家ありその逆がないように、「身見」の脱落(身見は否定されて全貌を現す)は、肉体の死の解決を含む。日之原重明の言うように、医学はいのちのやりとりの最後の勝負にかならず敗れる。しかし、仏教は医学の終るところから始まるのである。肉体の死が「身見」の射程のもとにあるかぎり、その脱落としての「三定死」は、肉体の死のリアリティーとその超克を含む。ゆえに死の受容が言わるべきならば、既に死を受容した人のみである。それを「不体失往生」(八九八)と讃える。

さきに宗教的生は、絶対的な前後裁断において成立すると語った。「三定死」こそ裁断。それは名号においてのみ開顕され転換の場となる。「本願を信受するは、前念命終なり。……即得往生は、後念即生なり」(五〇九)は、前後裁断・三定死を説くと思われる。すなわち名号は、迷いの生から悟りの生への転換の場にほかならぬ。以上、名号に対するとき普通の意味の生は、死と言わざるを得ない。私たちはそういう生、滅びの生を生きている。「たとへば鴆鳥の水に入れば魚蚌ことごとく死し、犀牛これに触るれば死せるものみな活るがごとし。かくのごとく生ずべからずして生ず。ゆゑに奇とすべし」(七祖、七七)とあるように、名号は絶対の死・絶対否定から絶対の生・絶対肯定への転換の場である。名号は絶対の死と生をそのもとに摂む。否定と肯定は相互にそのもとをもち合う。「よくよく案じみれば、天にをどり地にをどるほどによろこぶべきことをよろこばぬにて、いよいよ往生は一定とおもひたまふなり」（八三六）は、名号のことわりの躍動にほかならぬ。無量寿は、死即生　生即死という絶対のパラドックスでしか語られ得ない。名号の現成として〝即〟と呼ばれる。

分裂局面が名号において開かれるかぎり、局面は絶対に二義的――「機の深信」と「法の深信」を一つに摂む――と言わねばならぬ。「機の深信」とは、自己を知ることにほかならぬ。しかし、それが法に照破されて成立するかぎり、自己反省・自己凝視の不毛性はあきらかである。それは、自己の深淵に届かぬ。ところで二義的とは、局面が釈迦・弥陀の慈悲と「自己」の死の場にならないことをいう。「釈迦・弥陀は慈悲の父母　種々に善巧方便し　われらが無上の信心を　発起せしめたまひけり」（五九一）。自己の死が名号に統べられるかぎり、転換は自然、自然は「信順」（二二七）である。つまり信は自己から開かれぬ。ゆえに「無根の信」（二八六）と称えられる。自己から打開されないことを含意して、他力だから難しいのである。「しかるに常没の凡愚、流転の群生、無上妙果の成じがたきにあらず、真実の信楽まことに獲ること難し。なにをもつてのゆゑに、いまし如来の加威力によるがゆゑなり、博く大悲広慧の力によるがゆゑなり」（二一一）。聖語の光沢を蒙って、転換の必然性における「三定死」と言わねばならぬ。このように局面はどこまでも動的構造をもつのである。動的構造が局面を局面として顕かにすると言える。言うまでもなく転換は群生海から本願海・一乗海への転成にほかならぬ。そして名号が必然性を統べるかぎり、転換は真如法性が「諸法の正体」（七祖、一三六）として自覚的になることだと言ってもよい。「真如はこれ諸法の正体なり」（七祖、一三六）の光被によって、世界は二つも三つもあるのでないことはあきらか。一真実の世界、絶対肯定の世界である。「〈海〉とは、いふこころは、仏の一切種智深広にして涯なし、二乗雑善の中下の屍骸を宿さず、これを海のごとしと喩ふ」（一九八）は、そういう世界の風光を伝える。

「横超断四流」（玄義分 二九七）といふは、横超とは、横は竪超・竪出に対す、超は迂に対し回に対するの言なり。竪超とは大乗真実の教なり。竪出とは大乗権方便の教、二乗・三乗迂回の教なり。横超とはすなはち願成就一実円満の真教、真宗これなり。また横出あり、すなはち三輩・九品、定散の教、化土・懈慢、迂回の善なり。大願清浄の報土には品位階次をいはず、一念須臾のあひだに、すみやかに疾く無上正真道を超証す、ゆえに横超といふなり。（二五四）

断といふは、往相の一心を発起するがゆゑに、生としてまさに受くべき生なし。趣としてまた到るべき趣なし。すでに六趣・四生、因亡じ果滅す。ゆゑにすなはち頓に三有の

生死を断絶す。ゆゑに断といふなり。四流とはすなはち四暴流なり。また生老病死なり。（二五五）

「断」は生死を貫通する絶対否定――「三定死」――にほかならぬ。生といい死というも絶対否定においてその真義を顕わす。生即不生　死即不死として生も死もあきらめられる（あきらかになる）。名号の現成は、生も死も一挙に決め、そのもとに最高の生（正定聚）と最高の死（難思議往生）を摂する。「僧にあらず俗にあらず」（四七二）は、いわば裏側から最高の生と最高の死を語るであろう。ところで「断」が名号において成立するかぎり、自己における出来事ではない。自己の切断と一つに一切の存在するものの切断、一切の存在するものの切断と一つに自己の切断、天が落ち地が裂ける。自己は断・絶対否定にそのもとをもつ。自己は自己でないから自己である。「仏、阿難に告げたまはく、『なんじ起ちてさらに衣服を整へ、合掌し恭敬して無量寿仏を礼したてまつれ。十方国土の諸仏如来は、つねにともにかの仏の無着・無礙なるを称揚し讃歎したまへばなり』と。ここにおいて阿難起ちて衣服を整へ、身を正しくし面を西にして、恭敬し合掌して、五体を地に投げて、無量寿仏を礼したてまつりてまうさく、『世尊、願はくはかの仏・安楽国土、およびもろもろの菩薩・声聞の大衆を見たてまつらん』と。この語を説きをはるに、即時に無量寿仏は、大光明を放ちてあまねく一切諸仏の世界を照らしたまふ。金剛囲山、須弥山王、大小の諸山、一切のあらゆるものみな同じく一色なり。たとへば劫水の世界に弥満するに、そのなかの万物、沈没して現れず、滉瀁浩汗としてただ大水をのみ見るがごとし。かの仏の光明もまたかくのごとし。声聞・菩薩の一切の光明、みなことごとく隠蔽して、ただ仏光の明曜顕赫なるを見たてまつる」（七四－七五）。「無明と果と業因とを滅せんための利剣は、すなはちこれ弥陀の号なり。一声称念するに罪みな除こると。微塵の故業と随智と滅す。覚へざるに真如の門に転入す」（二六九）。すなわち「無量光、真実明、無辺光」（五五六）の照耀は、自己の絶対的切断と一つである。

まさしくかの阿弥陀仏の因中に菩薩の行を行じたまひし時に、乃至一念一刹那も、三業に修するところ、みなこれ真実心のうちになしたまひしによりてなり。おほよそ施為・趣求するところ、またみな真実なるべし。また真実に二種あり。一には自利の真実、二には利他の真実なり。自利の真実といふは、また二種あり。一には真実心のうちに、自他の諸悪および穢国等を制捨して、行住坐臥に一切の菩薩の諸悪を制捨するに同じく、われもまたかくのごとくならんと想ふなり。二には真実心のうちに、自他の凡聖等の善を勤修して、真実心のうちに、口業をもつてかの阿弥陀仏および依正二報を讃歎し、また真実心のうちに、口業をもつて三界・六道等の自他の依正二報の苦悪の事を毀厭し、また一切衆生の三業所為の善を讃歎す。善業にあらざるをばつつしみてこれを遠ざかれ、また随喜せざれ。また真実心のうちに、身業をもつて合掌礼敬し、四事等をもつてかの阿弥陀仏および依正二報を供養す。また真実心のうちに、身業をもつてこの生死三界等の自他の依正二報を軽慢し厭捨し、また真実心のうちに、意業をもつてかの阿弥陀仏および依正二報を思想し観察し憶念して、目前に現ずるがごとくにし、また真実心のうちに、意業をもつてこの生死三界等の自他の依正二報を軽賤し厭捨し、不善の三業をばかならずすべからく真実信のうちに捨つべし。またもし善の三業を起さば、かならずすべからく真実心のうちになすべし。（七祖、一二三三－一二三四）

不善の三業をば、かならず真実心のうちに捨てたまへるを須ゐよ。またもし善の三業を起さば、かならず真実心のうちになしたまへるを須ゐて、内外明闇を簡ばず、みな真実を須ゐるがゆえに、至誠心と名づく。（一二三三）

金剛といふは、すなはちこれ無漏の体なり。（一二四五）

この心すなはちこれ不可思議不可称不可説一乗大智願海、回向利益他の真実心なり。これを至心と名づく。（一二三四）

実諦は一道清浄にして二あることなり。真実といふはすなはちこれ如来なり。如来はすなはちこれ真実なり。真実はすなはちこれ虚空なり。虚空はすなはちこれ真実なり。真実

はすなはちこれ仏性なり。仏性はすなはちこれ真実なり。（二三四）

右の法語に鑑みるに、廃悪も修善も弥陀の本願に基づく。本願が永遠不滅の規矩・道標である。「諸悪莫作　衆善奉行　自浄其意　是諸仏教」が、仏教を貫流する。それゆえに絶対善があっても絶対悪はない。絶対悪があれば、「転悪成善の益」（二五二）が説かれ得ないであろう。「もしなんぢ父を殺してまさに罪あるべくは、われら諸仏また罪ましますべし。もし諸仏世尊、罪を得たまふことなくは、なんぢ独りいかんぞ罪を得んや。……大王、たとへば山谷の響きの声のごとし。愚痴の人はこれを実の声と謂へり、有智の人はそれ真にあらずと知れり。殺もまたかくのごとし。凡夫は実と謂へり、諸仏世尊はそれ真にあらずと知ろしめせり」（二八二－二八四）は、実体的な罪というものがないこと、世界は我見の化作・幻にすぎないことを説く。名号のことわりは、無自性空・諸法実相・煩悩即菩提にほかならぬ。そこに「転悪成善」が言われ得る。「おほよそ大信海を案ずれば、貴賤緇素を簡はず、男女老少をいはず、造罪の多少を問はず、修行の久近を論ぜず、行にあらず善にあらず、頓にあらず漸にあらず、定にあらず、散にあらず、正観にあらず邪観にあらず、有念にあらず無念にあらず、尋常にあらず臨終にあらず、多念にあらず一念にあらず、ただこれ不可思議不可称不可説の信楽なり。たとへば阿伽陀薬のよく一切の毒を滅するがごとし。如来誓願の薬はよく一切の智愚の毒を滅するなり」（二四五－二四六）「念仏法門は愚智・豪賤を簡ばず、久近・善悪を論ぜず、ただ決誓猛信を取れば、臨終悪相なれども、十念に往生す。これすなはち具縛の凡愚、屠沽の下類、刹那に超越する成仏の法なり。世間甚難信といふべきなり」（二四七－二四八）とあるように、念仏・絶対善において、あらゆる相対的な善悪は意味を失う。

「大王、如来もまたしかなり。もろもろの衆生において平等ならざるにあらざれども、しかるに罪者において心すなはちひとへに重し。放逸のものにおいて仏すなはち慈念したまふ」（二七九）。「煩悩具足のわれらは、いづれの行にても生死をはなるることあるべからざるを、あはれみたまひて願をおこしたまふ本意、悪人成仏のためなれば、他力をたのみたてまつる悪人、もつとも往生の正因なり」（八三四）。「しかれば、本願を信ぜんには、他の善も要にあらず、念仏にまさるべき善なきゆゑに。悪をもおそるべからず、弥陀の本願をさまたぐるほどの悪なきゆゑに」（八三二）。以上、この間の消息を伝える。すなわち「悪人正機説」も「諸悪莫作　衆善奉行」のうえで成立することは、注意されなければならぬ。すなわち念仏は、善悪の問題の決定的・究極的解決と言わなければならぬ。

上述のように、煩悩即菩提は煩悩の非実体性をいう。私たちは、煩悩によって迷うのではない。貪瞋煩悩はどれほどあっても往生の妨げにならぬ。それでは何によって迷うのか。〝はからい〟によってである。くよくよとはからう自力心によって迷う。

まことに知んぬ、至心・信楽・欲生、その言異なりといへども、その意これ一つなり。なにをもつてのゆゑに、三心すでに疑蓋雑はることなし、ゆゑに真実の一心なり。これを金剛の真心と名づく。金剛の真心、これを真実の信心と名づく。真実の信心はかならず名号を具す。名号はかならずしも願力の信心を具せざるなり。このゆゑに論主（天親）、建めに「我一心」（浄土論　二九）とのたまへり。また「如彼名義欲如実修行相応故」（同　三三）とのたまへり。（二四五）

本願は自己の全体を招喚、全体が本願との関係に入る。そこに個の方向をつきつめるということがある。「五濁悪時の群生海」（二〇三）は、そういう方向を含んで言われている。つまり独立固定した自己があるのではない。「弥陀の五劫思惟の願をよくよく案ずれば、ひとへに親鸞一人がためなりけり。さればそれほどの業をもちける身にてありけるを、たすけんとおぼしめしたちける本願のかたじけなさよ」（八五三）は、個をとらえる無比の金言である。すべてが弥陀と自己との関係に摂まるから、社会的平面へ拡散する道は閉じられる。社会というも抽象的な個の集合にすぎぬ。また、何かあれば社会が悪いというように責任を社会に転稼する。社会という実体があるかのごときである。そこに個の忘却があろう。「わが身の往生一定とおぼしめさんひとは、仏の御恩をおぼしめさんに、御念仏こころにいれて申して、世の中安穏なれ、仏法ひろまれとおぼしめすべきとぞおぼえ候ふ」（七八四）。御消息は、念仏の社会的ひろがりを伝えると解し得るだろう。だが、それは念仏の自然な展開、「功徳は十方にみちたまふ」（六一七）ということである。「念仏者の生き方」として改めて社会的実践を付け加える必要は、毛頭ない。「まことに知んぬ、悲しきかな愚禿鸞、愛欲の広海に沈没し、名利の太山に迷惑して、定聚の数に入ることを喜ばず、真証の証に近づくことを快しまざることを恥ずべし傷むべし」（二六八）は、仏智に照破された自己の告白にほかならない。分裂局面は自己の全体を摂するわけである。「この心作仏す、この心これ仏なり、この心のほかに異仏ましまさず」（二五三）は、そういうかたちで弥陀と自己の絶対の同一を語るであろう。また、「〈如意〉といふは二種あり。一つは衆生の意のごとし、……二つは弥陀の意のごとし」（二一六）も、この同一を宣べる。すなわち、仏が仏たるを全うするためには、自己の全体を要求せざるを得ない。「弥陀の摂と不摂とを論ずることなかれ、意専心にして回すると回せざるとにあり」（二六〇）に、本願との関係における自己の決定的な意味を読みとる。そういうかたちで自己が名号の自覚の場となる。「名体不二の弘願の行なるがゆゑに、名号すなはち正覚の全体なり」（一三八六）。自覚の場は、そういう全体における自己でなければならぬ。正覚において安心する、そしてそのほかに安心はない。「名号は如来の御名と思ひしにわが往生のすがたなりけり[5]」は、安心を見事に謡う。名号を人でとらえて、「大悲を行ずる人」（二六〇）「もし念仏のひとはすなはちこれ人中の好人なり。人中の妙好人なり、人中の上上人なり、人中の希有人なり、人中の最勝人なり」(二六二)「金剛心の行人」(二五七)「真の仏弟子」(二一八)「人中の分陀利華」(二五八)である。すなはち妙好人は、仏によって規定される。ここに名号の本質は自己の本質、自己の本質は名号の本質、両者の絶対的一として〝人間とは何か〟の究極の回答が示されていると言える。もし自己が欠落すれば、名号の真理も即自的に、菩薩の願行も観念にとどまるだろう。もし即自的な教法の真理で万事が済むならば、善知識は不要だろう。経論釈を読めばよいのだから。そして指導者は読み方の教示にとどまるだろう。そこに学解即信という信心の観念化に迷いこむ。「一切の梵行の因は善知識なり。一切梵行の因無量なりといへども、善知識を説けばすなはちすでに摂尽しぬ」(四〇六)とあるように、仏道修行において善知識は決定的な意味をもつ。善知識は読むに先立つ。指導者なしに読めば必ず誤まる。「信もなくて大事の聖教を所持の人は、をさなきものに剣を持たせ候ふやうに思し召し候ふ」(一二三四)。「わがちからもさとりもいらぬ他力の願行をひさしく身にたもちながら、よしなき自力の執心にほだされて、むなしく流転の故郷にかへらんこと、かへすがへすもかなしかるべきことなり」(一三九九)は、この間の消息を伝えると思う。

名号の自覚の場としての自己は、閉じた個ではない、むしろ個の破れた個と言わねばならぬ。個に徹底する方向に脱底する。「ただ念仏するもののみありて光摂を蒙る」(二六一)は、照破が脱底にほかならぬことを説く。「かの世界の相を観ずるに、三界の道に勝過せり。究竟して虚空のごとく、広大にして辺際なし」（七祖、二九）「もし発心作仏せんと欲はば、この心広大にして法界に周遍せん、この心長遠にして未来際を尽す」（二六〇）「至心・信楽・欲生と　十方諸有をすすめてぞ　不思議の誓願あらはして　真実報土の因とする」（五八八）は、根源的開け・信心の世界性を讃じる。「もしわれ成仏せんに、周遍十方無量無辺不可思議の有情の輩、仏の威光を蒙りて照触せらるるもの、身心安楽にして人天に超過せん。もししからずは、菩提を取らじ」（二五七）に鑑みるに、根源的開けは誓願から来る。帰命尽十方無礙光如来は、そういう開けにほかならぬ。開けが礼拝・観察・作願・観察・回向と展門、存在するものとの関係もそこで成立する。尽十方無礙光如来が行となる。以上のように、南無・帰命を冠する名号は、動的構造を現わす。あるいは如来のはたらきの端的を現して、南無・帰命だと言える。如来の衆生済度のはたらきは止むということを知らぬ。また「五眼円かに照らし六通自在にして、機の度すべきものを観そなはして、一念のうちに前なく後なく身心等しく赴き、三輪開悟してておのおの益すること同じからざるなり」（二一六）とあるように、済度のはたらきは時空を超える。

以上述べたように、局面の転換は全体の場ゆえに、感性・理性も真理証明の場となる。既述のごとく、「六根・六識・六塵・五陰・四大」（五三六）が「悪獣」（五三六）に譬えられ、自己を本願から分かつものであった。すなはち感性・感覚・理性は、そのまま直接的に真理証明の場ではない。名号はいわゆる実証の絶対の彼岸、試験管のなかで如来の存在が証明されるわけはない。しかし転換に開ける絶対肯定とは、すべてが如来のすがたなることとそれから洩れる一塵もないことである。「衆生一生にみな阿耨多羅三藐三菩提の記を得ることは、まことにいふところの不可思議功徳の利なり」(二六四)は、人において開ける絶対肯定の世界を説く。つまり一切衆生の救いにおいてはじめて自己の救いを、自己の救いにおいて一切衆生の救いを見る。それが「普授」(二六四)と言われる。六根・六識の直下に脱底、感性・感覚・理性が、真理証明の場となる。真理が全体に現れて「身心の悦予」(二五二)「法を聞きてよく忘れず、見て敬ひ……」(二一三)とあるように三業が本願真実の証明の場となるわけである。「三輪開悟」(二一六)「信は諸根をして浄明利ならしむ」(二三八)「三業に仏印を押す」(道元)、つまり弥陀の正覚において安心する。「心多歓喜の益」(二五二)は「金剛の真心」(二〇九)が感性に現れるすがたにほかならぬ。さらに言えば、「歓喜して一心」(二二八)「広大難思の慶心」(二五〇)「大王、たとへば月の光よく一切、路を行く人の心に歓喜を生ぜしむるがごとし。月愛三昧もまたまたかくのごとし。よく涅槃道を修習せんものの心に歓喜を生ぜしむ」(二八〇)は、「信楽の一念」と同義である。その他、歓喜を語る表現は枚挙に遑が無い。すなわち真実信心の地平は、「初地の菩薩多く歓喜を生ず」(一五〇)とあるように、広く歓喜によって規定される。

分裂局面の転換は、名号の真理――生死即涅槃――の全現にほかならぬ。もちろん、生死即涅槃は生死と涅槃が先ずあって、その同一をいうのではない。両者のそれぞれの方向への突破に開ける絶対の一を語る。すなわち生死即涅槃としてのみ真の生死、真の涅槃と言わねばならぬ。そういう両者の同一として真義が開顕されるのである。生死即涅槃は、〝ありのまま、そのまま〟としての絶対肯定の世界、絶対現実にほかならない。以上、転換は涅槃へ行ききりという一八〇度の回転でなく、涅槃から生死にもどるという三六〇度の回転でなければならぬ。回転において現実がいわば丸出しになる、いまここが絶対の中心点・被遍照の光明界となる。それゆえに変わると言えば何もかも変わる、変わらないと言えば何も変わらない、塵ひとつ動かぬ。以上、称名が生死即涅槃の真理証明なること、つまり実相如実の行為的性格を説くであろう。

即述のごとく、絶対肯定の世界は名号の自覚、仏願力によって統べられる。しかしその世界は、決して表象ではない。「無上道」（二一四）と説かれるように、行為的性格をもつ。すなわち道は歩まれてはじめて道になる。歩みが道をして道たらしめる。「歩々、声々、念々、ただ阿弥陀仏にあり」（七祖、一〇三九）は、「本願一実の直道、大般涅槃無上の大道」（二四四）の行為的性格を語る。念仏は道の真理開顕にほかならぬ。「またこの三心、また定善の義を通摂すと、知るべし」（二二七）に準拠するに、絶対における途上・道程と言わねばならぬ。それゆえに、目的への道程という見方は相対的である。聴聞は決して獲信への手段でもなければ途上でもない。獲信は聞法の目標でもない。御恩報謝のお念仏は、途上・目標を絶し絶対的な意味をもつ。道元の「修証一等　証上の修」と通底するであろう。

諸部の大乗によりて説聴の方軌を明かさば、『大集経』にのたまはく、〈説法のひとにおいては、医王の想をなせ、抜苦の想をなせ。所説の法をば甘露の想をなせ、醍醐の想をなせ。それ聴法のひとは、増長勝解の想をなせ、愈病の想をなせ。もしよくかくのごとき説者・聴者は、みな仏法を紹隆するに堪へたり。つねに仏前に生ぜん〉と。（二五八）

横超とは、これすなはち願力回向の信楽、これを願作仏心といふ。願作仏心すなはちこれ横の大菩提心なり。（二四六）

王舎城所説の『無量寿経』を案ずるに、三輩生のなかに行に優劣ありといへども、みな無上菩提の心を発せざるはなし。この無上菩提心は、すなはちこれ願作仏心なり。……このゆゑにかの安楽浄土に生ぜんと願ずるものは、かならず無上菩提心を発するなり。もし人無上菩提心を発せずして、ただかの国土の受楽間なきを聞きて、楽のためのゆゑに生ぜんと願ぜん、またまさに往生を得ざるべきなり。（二四七）

その時に、世尊、阿闍世王を讃めたまはく、〈善いかな善いかな、もし人ありてよく菩提心を発せん。まさに知るべし、この人はすなはち諸仏大衆を荘厳すとす。大王、なんぢ昔すでに毘婆尸仏のみもとにして、はじめて阿耨多羅三藐三菩提心を発しき。これよりこのかた、わが出世に至るまで、その中間においていまだかつてまた地獄に堕して苦を受けず。大王まさに知るべし、菩提の心、いましかくのごとき無量の果報あり。大王今より以往に、つねにまさにねんごろに菩提の心を修すべし。なにをもつてのゆゑに、この因縁に従つてまさに無量の悪を消滅することを得べきがゆゑなり〉。（二八九－二九〇）

『大経』にのたまはく、〈おほよそ浄土に往生せんと欲はば、かならずすべからく菩提心を発すをもつて源となすべし〉と。いかんとなれば、菩提といふはすなはちこれ無上仏道の名なり。もし心を発して仏に作らんと欲すれば、この心は広大にして法界に遍周せり。この心は長遠にして未来際を尽す。この心あまねくつぶさに二乗の障りを離る。もしよく一たびこの心を発せば、無始生死の有淪を傾く。『浄土論』にいはく、〈菩提心を発すといふは、まさしくこれ願作仏心なり。願作仏心とは、すなはちこれ度衆生心なり。度衆生心とは、すなはちこれ衆生を摂受して有仏の国土に生ぜしむる心なり。いますでに浄土に生ぜんと願ず、ゆゑに先づすべからく菩提心を発すべし〉と。（七祖、九〇二）

言うまでもなく、生きるを離れて自己はない。自己は生のあり方と言える。人間界といい人生というも、生のすがたにほかならぬ。しかし、はっきり言えることが一つある。それは私たちにとって生がどこまでも課題的であること、私の生でありながら恣意的に処理できないこと（自殺がいけないという根本の理由もここにある）、私にあまるものだということである。あまるとは、ありとしあるものの生きとし生けるものに弥陀の本願がかかっている、そういうかたちで本願と切り結ぶことを云う。念仏以外の何ものによっても生はもちこたえられぬ。名号が生となる――生の真義の開顕である。本願名号は永遠不滅。それを受けて「長生不死の神方、……真如一実の信海」（二一二）と称えられる。世の中に役に立つ、逆に言えばこの世にもう必要とされていないというような有用性の視圏から生に迫るのは間違っている。功利主義は仏教ではない。菩提心・無上道心は、直接的生の絶対否定というかたちで迫るのである。すなわちいのちよりも大事なもの、いのちを捨てても求めぬがならぬもの、そのために生きそのために死ねるもの、そういう生を離れて本願はない。「その時に、大王、この語を聞きをはりて、心に怖懼を懐けり。身を挙げて戦慄す。五体掉動して芭蕉樹のごとし」（二七六）は、名号に問いつめられたすがたであろう。そこに生の根本を揺さぶるということがある。しかし、それに気付く人は滅多にない。また、教える人もない。たいていの人は、存在するあれやこれやにしがみついていわばごまかしの生を生きている。凡夫はただ生きているにすぎぬ。すなわち絶対的目的に相対的に関係し、相対的目的に絶対的に関係するという頽落の生・滅びの生を生きている。そして空しく月日だけが経っていく。キルケゴールはたとい全世界を得ようとも自己を失えば何になるかと言うが、いわばどうでもよいものに自己が拡散され生涯を閉じるわけである。

生きるとは時を生きる。生を離れて時はない。しかし実体的な時はないから、時は「身見・我見」の産んだ何ものかにすぎぬ。「ただいたづらにあかし、いたづらにくらして、老いの白髪となりはてぬる身のありさまこそかなしけれ」（一一六七）は、私たちの生き方を照らし出すであろう。このような生活をしていてはもったいないと思う。〝もったいない〟とは、尊厳なものに対する言葉、ここからも時の超越構造が類推されるだろう。

「それ真実の信楽を案ずるに、信楽に一念あり。一念とはこれ信楽開発の時剋の極促を顕し、広大難思の慶心を彰すなり」（二五〇）。「また『乃至一念』といふは、これさらに観想・功徳・遍数等の一念をいふにはあらず。往生の心行を獲得する時節の延促について、乃至一念といふなり、知るべし」（四八〇）。「ただよくつねに如来の号を称して、大悲弘誓の恩を報ずべしといへり」（二〇五）。これらの諸文に鑑みるに、信楽・心行・称名がどこまでも時に関係すること、時の超越構造はあきらかである。「一念」は永遠が時を截る、つまり時と永遠の切り結びの瞬間、誓願成就の自覚の瞬間にほかならぬ。すなわち「信楽の一念」は、名号のことわりの全現、「真如一実の信海」（二一一）、真如法性そのものにほかならぬ。以上、弥陀の正覚において安心、正覚によって疑念が晴れる。そのほかに安心はない。「しかるに称名憶念することあれども、無明なほ存して所願を満てざるはいかんとならば、実のごとく修行せざると、名義と相応せざるによるがゆゑなり」(二一四)の指南により、疑惑は名号のことわりが領解されないこと、自己が残っていることにほかならない。周知のように、カントは時間を先天的な直観形式と考え、主体の方に引きつけ主体から解釈した。およそカントとは異質的な地平が、引用の諸文に開かれていると思われる。ところで日常的・通俗的な時間表象は、連続的である。「有後心・有間心」(三〇〇)に、これを読みとる。物理学も時間は計算できる何ものかであるという時間概念を離そうとはしない。日常的にせよ科学的にせよ、時間表象は身見・我見の射程のもとにある。繰り返し述べたように、信心とは我見・身見の脱落であった。ゆえに「一念」は、決して時における出来事でない。もしそうならば、時とともに失せるであろう。むしろ「一念」は時における永遠の貫通を意味する。「無後心・無間心」(三〇〇)とは、貫通の瞬間を説くと思われる。「軽重の義は心に在り、縁に在り、決定に在りて、時節の久近・多少には在らず。……三の義を校量するに十念は重し。重きもの先づ牽きてよく三有を出ず」(七祖、九七－九八)は、永遠が時を貫通する瞬間の決定的な意味を説くであろう。「一念」の自然法爾の展開として多念・常称となる。念仏者は時のなかにありながら、脱底的に時のそとにある。彼は時と永遠の統一としての生を生きる。〝もったいない〟は、そこから来ると思う。

時において無常を永遠において常住を語れば、名号は常住と無常のことわりの統一として両者をそのもとに摂む。「如来は常住にして変易あることなし」（二九五）は前者を、「〈三月を過ぎをはりて、われまさに涅槃すべきがゆゑに〉」（二九四）は後者を説くであろう。無常と言えばすべてが無常、常住と言えばすべてが常住である。一部が常住、一部が無常でもなければ、無常の背後に常住があるのでもない。名号のほかに何もないから、時は如来である。寿命無量は、このことを意味すると思う。「時光すみやかに移る」（道元）は、このほかに解釈できぬ。

菩提心・無上道心は名号に摂まり、仏道修行は名号に定礎される。「〈われ曠劫よりこのかた、世尊われらが法身・智身・大慈悲身を長養したまふことを得たりき。禅定・智慧・無量の行願、仏によりて成ずることを得たり。報恩のためのゆゑに、つねに仏に近づかんことを願ず」（二五九）の指南により、名号の道理《ことわり》は名号を通して名号から開かれるを知る。「受施」（二五九）そのものが、慈悲である。既述のように、近代的合理的主体性は理性の立場であった。しかし引文の『涅槃経』に鑑みるに、菩提心・無上道心はあきらかに理性の立場ではない。近代的合理的主体性は、我見・身見に引きづりこまれる。あるいは我見・身見の現れとしてのそれである。

ところで主体性は主体性以外の何ものによっても説明されない。また、それが主体性ということである。「師なくして自然に覚悟して阿耨多羅三藐三菩薩を得たまへり」（二七六）に「師」からの自由・独立自存を看取すれば、仏道は絶対主体道と言える。さて、私にとって〝宗教とは何か〃は、南無阿弥陀仏とは何かにほかならない。だが、それはもともと立てられない問いである。況んや答えられぬ。南無阿弥陀仏は、外からの接近を峻拒する。「南無不可思議光如来」「不可思議不可称不可説の信楽」（二四六）は、まさにこれをいう。ゆえに名号の領解は、名号からの名号の真理開顕のほかにない。そこから回光返照すれば、修行の途上が既に絶対、「歩々・声々・念々・ただ阿弥陀仏にあり」（七祖、一〇三九）。名号の領解は、絶対肯定の世界の風光、万象森羅が如来のすがたなるを伝え、世界における領解である。

絶対肯定は絶対否定と一つに絶対の生は絶対の死と一つに成立、それが名号の論理であった。すなわち念仏者は絶対の死を生きる。絶対の死ゆえに言うは言えないと一つに、考えるは考えられないと一つに成立する。言うと言う、考えると考えるは、同じでない。名号の論理は科学の論理と絶対に異質的である。「こころもことばもたえたれば　不可思議尊を帰命せよ」（五六二）。「心もよ言葉も遠くとゞかねばはしなく御名を称えこそすれ」[6]。

善男子、信に二種あり。一つには信、二つには求なり。かくのごときの人、また信ありといへども、推求にあたはざる、このゆゑに名づけて信不具足とす。信にまた二種あり。一つには聞より生ず、二つには思より生ず。この人の信心、聞よりして生じて思より生ぜざる、このゆゑに名づけて信不具足とす。（四〇七）

この法語によってあきらかなように、真実信は本質的に思考を含む。南無阿弥陀仏は思考に何の制限も加えない。全き自由な思考を摂する。表象作用も念仏のなかにある。そこに名号の自覚的展開として宗教哲学が定礎されるであろう。名号においてすべてが奪われすべてが与えられる。名号は一切の与奪の場である。禅でも「大死一番　乾坤新なり」と言うが、すべてが新しくなるわけだ。それゆえに創造的な言葉も思考も名号から出生する。「実語ははなはだ微妙なり。善巧、句義において、甚深秘密の蔵なり」（二八八）は、まさに新しい言葉の躍動を告げる。真理概念も与奪の場を廻る。おそらく現代人は、真理ということで科学的真理を思い浮かべるだろう。科学的真理のほかに真理の名に値するものはないと思っているのではなかろうか。さて、科学的真理の性格は、表象の対象との一致としての正当性（Richtigkeit）をいう。正当性は「主観―客観―関係」（Subjekt-Objekt-Beziehung）の場で成立する。「主観―客観―関係」は、ものにおいて我を見る、あるいはものをとらえることによってわれをとらえ、われをとらえることによってものをとらえるという我執によって張り渡され、関係のもとに我見・身見がある。そして関係そのものが主体の方に引きつけられ主体から言われている。真理の座は主体、主体性が真理である。それが近代的真理の性格と言える。しかしそういう場への省察は、ほとんどなされていない。それは科学の領域ではない。ゆえに〝科学とは何か〟は、既に科学の問いではない。正当性が自明の前提としてまかり通る。そういう自明性において科学も技術も

（両者は同じところに根をもつ）営まれる。

分裂局面は、そういう真理概念を大きな疑いの渦に巻きこむ。大疑現前を免れる一塵もない。ところで名号において我見・身見が脱落、名号に照破されて我見・身見が全容をあらわにするかぎり、そこに正当性としての真理概念の無根拠性が露呈するであろう。正当性は真理の本質ではなく、局面の転換において真理概念が新しくなると言える。科学的真理が正当性に立脚するかぎり、科学も迷い――「一切煩悩悪業邪智」（三三二）――と言わねばならぬ。科学的知は征服知である。科学なしに現代の生活は考えられないけれども、現代世界・地球は科学技術の跳梁にさらされていることも否定できない事実である。

名号の真理は正当性と絶対に異質物、〝ありのまま　そのまま〟をいう。それは現実即絶対としての絶対知にほかならぬ。それはよい意味における真理の独断・光源、それがなければ何も始めることができない。「もし人善根を種ゑて疑へば、すなはち華開けず」（一五三）、つまり「疑蓋間雑」（二三二）は、仏智・絶対知の光照における発言、晴れて疑雲がわかる。光寿二無量が私になる、そういうかたちで名号の本質は自己の本質、自己の本質は名号の本質である。自己の全体が名号において丸出しになる。本質の現成は「主観―客観―関係」を両方向に突破、関係の場を超える。「疑蓋」が晴れるとは、それでありそのほかにはない。

一心これを如実修行相応と名づく、すなはちこれ正教なり、これ正行なり。これ正解なり、これ正業なり、これ正智なり。（二五三）

正解・正智、いずれも領解・理解、わかるの意である。また「『至心』は……すなはちこれ願楽覚知の心なり」（二三〇）「金剛智ましまして、よく衆生の一切悪罪を破せしむること、もしあたはずといはば、この処あることなけん」（二七六）の光被により、信心は自覚・領解、知との統一という性格をもつことは疑いの余地がない。ところでいわゆる「信心」には、解らないからただ信じるほかないという盲目的なところがある。それは日常的・常識的知の超越的なものに対するあり方だろう。また、科学的・合理的知は、十把一絡げに宗教を切って捨ててしまうかもしれない。実証されるもの以外を認めない科学の立場から見れば、そうならざるを得ないだろう。科学の本質には、反宗教性の方向が含まれていると思う。

さて、「実相は無相なるがゆゑに、真智は無知なり」（七祖、一四〇）に鑑みるに、真知は日常的・常識知は言うまでもなく、科学的・合理的知を一刀両断、あらゆる知的営みを否定の網が蔽う。科学が細分化・専門化すればするほど、真知から離れると言えるだろう。その意味で学者は一層迷っている。教壊という言葉を聞いたことがあるが、宗教なしに学問すれば人間を駄目にする。その意味で知識・教養は不当な財と言える。「如来誓願の薬はよく智愚の毒を滅するなり」(二四六)。すなわち「大信海」(二四五)において、知と無知の相対的分別は意味を失う。「浄土門の修行は、愚痴にかへりて極楽にむまる」(真聖全、四上、二一九)に鑑みるに、浄土教には知否定的なものか貫通。知るということのもとに知らないがある。知るは知らないと、知は無知と一つに成立するのである。「己らはそんな六か敷こと知らぬ……」[7](八五頁)

おほよそ大信海を案ずれば、貴賤緇素を簡ばず、男女老少をいはず、造罪の多少を問はず、修行の久近を論ぜず、行にあらず善にあらず、頓にあらず漸にあらず、定にあらず散にあらず、正観にあらず邪観にあらず、有念にあらず無念にあらず、尋常にあらず臨終にあらず、多念にあらず一念にあらず、ただこれ不可思議不可称不可説の信楽なり。たとへば阿伽陀薬のよく一切の毒を滅するがごとし。如来誓願の薬はよく智愚の毒を滅するなり。(二四六)

釈の金言は無限に深い。釈は知ると知らぬ、知と無知を「毒」の一語で括る、知に対する無知、無知に対する知という相対性を絶する。「大信海」は両者への絶対否定の照射、南無阿弥陀仏は人間知の絶対に及ばぬ世界と言わねばならぬ。「仏智・不思議智・不可称智・大乗広智・無等無倫最上勝智」(七六)において、「知愚の毒」があきらかになるわけである。絶対知に照破される翳が「知愚の毒」と言えるであろう。すなわち信心が智慧だということはいくら強調しても強調したりない。「智慧の光明」（五五七）「智慧のうしほ」（五八五）「智慧の念仏」（六〇五）等々、智慧を讃じる句は枚挙にいとまがない。科学について正面からものを言えるのは、ここからのみであろう。

「悲願はたとへば……。なほ大地のごとし、三世十方一切如来出生するがゆゑに」（二〇〇－二〇二）は、念仏者・宗教的実存誕生の場を説く。悲願は全体規定ゆゑに身体を含む。すなわち身体でわかるわけである。この場合、身体・肉体とはそもそも何であろうか。念仏者の誕生は、いわゆる「誕生」とどう関係するのか。「誕生」は仏子のそれでない。生れながらの念仏者は一人もいない。ところで『往生要集』は、人道を「不浄、苦、無常」（七祖、八二八）の三範疇でとらえ、「人道かくのごとし、実に厭離すべし」（七祖、八三七）と結ぶ。すなわち人道・人生はどこまでも課題的である。また、「人身を得たりといへどもつねに闇鈍にして、貪瞋・邪見うたた専にして専なり」（七祖、五一四）。「曠劫よりこのかた生死に居して、三塗につねに没して苦みな経たり。はじめて人身を服けて正法を聞く」（七祖、五三三）。「一たび人身を失ひつれば万劫にも復せず」（一七七）。「人身受けがたし、今すでに受く。仏法聞きがたし、今すでに聞く。この身今生にむかつて度せずんば、さらにいずれの生にむかつてかこの身を度せん」（礼讃文、解説　礼拝聖典）。引用の諸文、『往生要集』と同じこころを伝えるであろう。人生が大きな課題のもとに見られているのである。

「三世十方一切如来出生」。つまり仏子誕生が、課題の解決にほかならぬ。悲願は、「人身を受ける」としての誕生と仏子誕生を包摂する。「すでに父母あればすなはち大恩あり。もし父なくは能生の因すなはち闕け、もし母なくは所生の縁すなはち乖きなん」（七祖、三八一）は、この義を含む発言であろう。すなわち念仏行者の慶びから父母が見られている。仏子誕生は、いわゆる身体の誕生を含む。だが、逆はない。ここからはっきり言えることがある。つまり身体が名号の領解に本質的にかかわる、身体を離れて領解がない、身心の全体が本願との関係に入るということである。しかし、それは直接的な父母所生身ではない。そういう身体が直接的にそのまま名号に包摂されるのではない。むしろ誓願との関係において、身見・我見が脱落、つまり身体の意味が変わる。「凡身をすてて仏身を証するといへるこころを、すなはち阿弥陀如来とは申すなり」（一一三三）は、まさに身心の意味転換を説く。

名号の真理全現のすがたを尽十方無礙光如来と称えまつる。「もし発心作仏せんと欲はば、この心広大にして法界に周遍せん、この心長遠にして未来際を尽す。この心あまねくつぶさに二乗の障を離る」（二六〇）。如来は三世十方を一つに摂む。「他方仏国の所有の衆生、無量寿如来の名号を聞きてよく一念の浄信を起して歓喜せん」（二三六）は、信心の世界性を語るであろう。この法語を受けて「報土の信者」（六〇八）は、時空を超える広大無辺の世界・「如来の家」

（二三九）に住む。名号六字が居場所。また、名号はすべてのもののあり場所、一切は名号においてある。名号は存在の家。また、「涅槃の真因はただ信心をもってす」（二三九）の光被のもと、居場所は信心によって規定される。「〈自身住持の楽を求めず、一切衆生の苦を抜かんと欲ふがゆゑに〉」（二四七）「一仏の所化は、すなはちこれ一切仏の化なり。一切仏の化は、すなはちこれ一仏の所化なり」（二二〇）とあるように、居場所は相互にそのもと、中心を持ち合う力の場にほかならぬ。「法蔵の大願業力」（五四九）「正覚の阿弥陀法王の善力」（五四九）によって規定された力の場である。他力とはまさにそれをいう。また、他力によって全面的・根本的に規定された人――それを念仏者という。「娑婆永劫の苦をすてて　浄土無為を期すること　本師釈迦のちからなり　長時に慈恩を報ずべし」（五九三）は、仏と自己の関係が力の場なるを詠む。釈迦のいのちが念仏者を生きるというかたちで、念仏者は釈迦のいのちを生きる。和讃は、如来のいのちの讃歌と言わねばならぬ。「阿闍世王の為に涅槃に入らず」（二七七）は、他者において自己をもつ慈悲が言葉となった。すなわち浄土はいたるところが中心点であると言える。一即一切　一切即一、すべてのものの無礙円融は、そういう力の論理を顕す。それゆえに仏教は自己と他者を分けない。居場所の論理は、自他不二。そして中心点は「一子地」（二三七）と言われる。「凡地にてはさとられず　安養にいたりて証すべし」（五七三）とあるように、「一子地」の功徳の全現は彼岸を俟たねばならないけれども。

しかし、穢身を保つかぎり名号・居場所の真理は全現しない。「煩悩、眼を障へて見たてまつらず」(二〇七)は、このどうしようもない制限を語る。また、「おほよそ今生においては、煩悩悪障を断ぜんこと、きはめてありがたきあひだ……」(八四七)は、この制限を告げるだろう。否定されたかたちであれ、我見・身見が執拗に絡みつく。譬えで言えば、骸骨が色目をつかう。制限はそこに由来する。我見・身見がすべての業をそのもとに摂めるから、受けねばならぬ業は避けられぬ。念仏者にとっても、人間界が生死の苦海であることは些かも変らぬ。苦悩は老病死に集る。分裂局面が信巻を貫くとはそういうことである。

名号を人で受けて、念仏信者には両面がある。一は問題がすべて決着したという面、二はどこまでも問題を残すという面である。「さて『大経』(下)には、『次如弥勒』とは申すなり。弥勒はすでに仏にちかくましませば、弥勒仏と諸宗のならひは申すなり。しかれば、弥勒に同じ位なれば、正定聚の人は如来とひとしとも申すなり。浄土の真実信心の人は、この身こそあさましき不浄造悪の身なれども、心はすでに如来とひとしければ、如来とひとしと申すこともあるべしとしらせたまへ」(七五八)は、前者の消息を告げる。また、「まづ善信(親鸞)が身には、臨終の善悪をば申さず、信心決定のひとは、疑なければ正定聚に住することにて候ふなり。さればこそ愚痴無智の人も、をはりもめでたく候へ」(七七一)に鑑みるに、何もかも生きているうちにかたをつけたい、死体には全く用事がない――これが親鸞聖人のこころである。「某　親

鸞　閉眼せば、賀茂河にいれて魚にあたふべし」（九三七）は、これを裏打ちする。次に、「また浄土へいそぎまゐりたきこころのなくて、いささか所労のこともあれば、死なんずるやらんとこころぼそくおぼゆることも、煩悩の所為なり。久遠劫よりいままで流転せる苦悩の旧里はすてがたく、いまだ生れざる安養浄土はこひしからず候ふこと、まことによくよく煩悩の興盛に候ふにこそ」（八三七）は、後者の消息を語る。どちらが欠けてもいけない。信巻は一切が決着したという面と、問題を残すという面、そういう両面を摂するわけである。

一切の決着から落ち着き、問題を残すから精進が生じる。生死即涅槃　煩悩即菩提における涅槃・菩提は前者を、生死・煩悩は後者を語るであろう。本願はそういう力動的統一として信巻を貫通、信心の行者を規定する。精進が正当に言わるべきならば、本願力・他力によるほかはない。他力の現れるすがたが精進と言える。為すのではなく為さしめられるのである。そこに釈尊は永遠の理想像として蘇えるであろう。これに対し努力という言葉には、自力の匂いがある。己れに鞭打つ己れに克つとか頑張るとかいう言いまわしから、どこかぎこちなさ・わざとらしさが響く。およそ自然の二文字から遠い。しかし、どれほど努力してもかならずしも成功に結びつくわけではない。失敗の危険がつねにつき纏う。そこから逆転して自分を責める後悔するということが出て来る、自責といい後悔というも後ろ向きのあり方である。過ぎ去ったものはどうにもならないから、自責・後悔から創造的な何ものも出て来ない。それは外へ出る道を失って内へ向った、いわばマイナス方向の自己主張と言える。自殺はその極点に考えられるのであろう。努力と後悔は、根源的な自己統一のもとにある。既述のように、それは自己の閉鎖性にほかならない。

真実信心は、他力・無限絶対によって規定される。「一念往生、便ち弥勒に同じ」（二六三）「弥勒大士は等覚の金剛心を窮むるがゆゑに、竜華三会の暁、まさに無上覚位を極むべし。念仏の衆生は横超の金剛心を窮むるがゆゑに、臨終一念の夕、大般涅槃を超証す。ゆゑに便同といふなり」（二六四）は、信の地平の絶対性を伝える。それにもかかわらず穢身を保つかぎり、どうしようもない制限につきまとわれる。これは動かせない事実である。「『凡夫』といふは、無明煩悩われらが身にみちみちて、欲もおほく、いかり、はらだち、そねみ、ねたむこころおほくひまなくして、臨終の一念にいたるまで、とどまらず、きえず、たえずと、水火二河のたとへにあらわれたり」（六九三）「煩悩の怨生するがゆゑに、仏性を見ざるなり」（二七八）に鑑みて、制限の内実が煩悩にほかならぬことは、疑いの余地がない。

以上あきらかなように、信の地平は絶対における制限、非化された制限と言わねばならぬ。「罪はさはりともならず、されば無き分なり」（一二四四）。譬えて言えば、電源を切られた余熱のごときである。私たちは煩悩によって迷うのではない、くよくよとはからう自力心によって迷うのである。

ここから「浄土無為を期する」（五九三）が、ふさわしい射程においてとらえられるであろう。「期する」は、いわゆる期待ではない。期待には当てが外れるという不確かさがつきまとう。「期する」は、信徳のはたらきとして放下である。そこに浄土が既に到来しているというところがある。到来の未到来、未到来の到来は、信の二重構造をあらわす。「超世ノ悲願キ、シヨリ　ワレラハ生死ノ凡夫カハ　有漏ノ穢身ハカハラ子ド　コ、ロハ浄土ニアソフナリ(8)」に、この構造を看取し得よう。

我見・身見の脱落――それが信の一念であった。だが、穢身を保つかぎり否定されたかたちであれ、我見・身見が残る。その全き脱落・真理の全現は、彼土を俟たねばならぬ。必顕仏性は彼土の益である。

「平等心をうるときを一子地となづけたり　一子地は仏性なり　安養にいたりてさとるべし」（五七三）。「如来すなはち涅槃なり　涅槃を仏性となづけたり　凡地にしてはさとられず　安養にいたりて証すべし」（五七三）。「如来の語は一味なること、なほ大海の水のごとし。これを第一諦と名づく。ゆゑに無無義の語にして、如来いま説きたまふところの、種々無量の法、男女大小聞きて、同じく第一義を獲しめん。無因また無果なり。無生また無滅なり。これを大涅槃と名づく」（二八八）。引用の聖語は、真実証を説く。

さて、教行信証の四法は名号の真理の開展、四法は「至徳の尊号」（一三二）によって統一される。しかし信巻から証巻を開かれたのは、深い理由がある。それは人間存在のどうしようもない限界への明晰な透察であろう。拙著はこの限界を分裂局面として受けた。局面が信巻を、更に言えば行信二巻を通底する。局面の全き止場・解消は、証巻を俟たねばならぬ。真実証は「臨終一念の夕」（二六四）に全現。これほどめでたい死はなかろう。何人も忌み嫌う死が、創造的な意味をもって来るのである。

五証

つつしんで真実の証を顕さば、すなはちこれ利他円満の妙位、無上涅槃の極果なり。すなはちこれ必至滅度の願（第十一願）より出でたり。また証大涅槃の願と名づくるなり。しかるに煩悩成就の凡夫、生死罪濁の群萠、往相回向の心行を獲れば、即の時に大乗正定聚の数に入るなり。正定聚に住するがゆゑに、かならず滅度に至る。かならず滅度に至るはすなはちこれ常楽なり。常楽はすなはちこれ畢竟寂滅なり。寂滅はすなはちこれ無上涅槃なり。無上涅槃はすなはちこれ無為法身なり。無為法身はすなはちこれ実相なり。実相はすなはちこれ法性なり。法性はすなはちこれ真如なり。真如はすなはちこれ一如なり。しかれば弥陀如来は如より来生して、報・応・化、種々の身を示し現じたまふなり。

（三〇七）

正定聚と滅度を張り渡す必然性は、必至滅度の願（第十一願）である。本願における娑婆と浄土、此土と彼土と言える。「大涅槃を証することは願力の回向によりてなり」（三三五）は、本願における信と証の統一を説く。また、「妙楽勝真心」（三三〇、五四八）が「証巻」「入出二門偈」ともに出ている。「妙楽勝真心」が両者を通底するわけである。そこから言えば、浄土は「背後世界」ではない。此土と別に彼土があるわけでない。生死即涅槃のほかに何もない、ないということもない。現実即絶対。だが、既述のように穢身を保つかぎり、生死即涅槃としての名号の真理は全現しない、煩悩が残る。「いまだ生れざる安養浄土はこひしからず候ふこと、まことによくよく煩悩の興盛に候ふにこそ」（八三七）は、このどうしようもない制限を語るであろう。制限は証を信から分かつ。また、そこに信証両巻開説の必然性もあろう。以上を受けて証巻の開扇は、真理全現の響きにほかならぬ。「いかにいはんや、戒行・慧解ともになしといへども、弥陀の願船に乗じて、生死の苦海をわたり、報土の岸につきぬるものならば、煩悩の黒雲はやく晴れ、法性の覚月すみやかにあらはれて、尽十方の無礙の光明に一味にして、一切の衆生を利益せんときにこそ、さとりにて候へ」（八四七）は、開巻冒頭の和訳にほかならぬ。ゆえに標挙「難思議往生」というも、臨終に新しい何かが付け加わるのではなく、平生のとき先取りされた信徳の全現を語る。本願力による分裂の止揚、真如への帰還を言う。

信心とは、どう生き、どう死ぬかという根本問題の解決であった。最高の生き方と最高の死に方――それが名号の真理開顕にほかならなかった。正定聚と難思議往生を信心はそのもとに摂するわけである。そういうかたちで信は、証を先取すると言える。そうでなければ「往生一定」（七〇一、七八四、一二二七、一二五五）、つまり安心が出て来ない。それにもかかわらず、信心の行者としての宗教的実存も不可避的な制限のもとにあった。分裂局面が実存を貫通、分裂局面を否定的媒介して躍動する生である。念仏行者はそういう生を生きる。「悲しきかな」

（二六六）「慶ばしいかな」（四七三）は、躍動する生の感情的表現であろう。宗教的生はこのように弁証法的である。

生が生であるところに課せられている問題――生死を出る――が、問題のままそれ自身を解消する。それが難思議往生にほかならぬ。すなわち煩悩の翳一つ残さぬ晴朗の世界を、証巻は開展するのである。「またかの浄土に生ずることを得れば、三界の繋業畢竟じて牽かず。すなはちこれ煩悩を断ぜずして涅槃分を得。いづくんぞ思議すべきや」（三一一）「この『経』を案じて、かの国の菩薩を推するに、あるいは一地より一地に至らざるべし」（三一六）「高原の陸地には蓮華を生ぜず。卑湿の淤泥にいまし蓮華を生ず」（三一九）と説かれるように、難思議往生はまさに超越・飛躍と言わねばならぬ。

既述のように、名号・光寿二無量によって『教行信証』各巻は、相互に媒介・包摂される。すなわち名号の真理の全現として一切の限定を超える絶対自由の世界開顕、証巻はその風光を伝えるであろう。

『浄土論』（論註・下一一九）にいはく、〈荘厳妙声功徳成就とは、偈に、《梵声悟深遠　微妙聞十方》といへるがゆゑに〉（浄土論）と、これいかんぞ不思議なるや。経にのたまはく、〈もし人ただかの国土の清浄安楽なるを聞きて、剋念して生ぜんと願ぜんものと、また往

生を得るものとは、すなはち正定聚に入る〉と。これはこれ、国土の名字、仏事をなす。いづくんぞ思議すべきやと。(三〇九)

言葉が発せられて声となる。「妙声、梵声」は、名号のはたらくすがた、名号が仏事をなす。念々称々が仏国土を荘厳する。「如に達すればすなはち心行寂滅なり」(三一九)に鑑みるに、名号を声・文字としての現象面からとらえることの間違いはあきらかであろう。「意識―自意識」を超絶するところを含んで、はじめて念仏なのである。冒頭の引文、「無上涅槃、常楽、寂滅、無為法身、実相、法性、真如、一如」は、称名の出どころを示す。すなはち弥陀の正覚が念仏の出どころ、正覚が念仏と現成する。そこに証巻は行巻と通底するであろう。称名は根源的な意味における〝言う〟にほかならない。名号の現成は、言うとはどういうことかという言葉の根源の開示にほかならぬ。それゆえに名号は根源語と呼ばれる。「こころもことばもたえれば不可思議尊を帰命せよ」(五六二)は、言亡慮絶と一つに「念仏申さんとおもひたつこころのおこる」(八三二)を伝える。言うは言えないと一つに、発言は黙と一つに成立するのである。

言うを離れて考えるはなく、考えるを離れて言うはない。発言も思考も根源を等しくする。「実相は無相なるがゆゑに、真知は無知なり。……無知のゆゑによく知らざることなし。このゆゑに一切種智すなはち真実の智慧なり」(三二二)は、知るは知らないと一つに、考えるは考えられないと一つに成立するを説くであろう。「一切種智」は絶対知の謂い。真実の智慧は、絶対知にほかならぬ。絶対知は「主観―客観―関係」を絶するゆえに、もちろん人間知のなかに入って来ぬ。科学知をもって人間知を語れば、科学では当然ながら絶対ということはない。科学知はいつかは超えられるという宿命をもつ。その意味で科学的真理はつねに相対的である。絶対知に対するとき絶対否定的なるものが人間知をつき抜ける。ところで「一切種智」は、「一切の存在について平等と差別、空と有を不二一体にさとり尽す仏の智慧」（三二二、脚註）をいう。「一切種智」において差別即平等　平等即差別が歴歴分明に現われる。

進むを知りて退くを守るを〈智〉といふ。空無我を知るを〈慧〉といふ。智によるがゆゑに自楽を求めず、慧によるがゆゑにわが心自身に貪著するを遠離せり。（三二七）
〈般若〉とは如に達するの慧の名なり。〈方便〉とは権に通ずるの智の称なり。如に達すればすなはち心行寂滅なり。権に通ずれば、すなはちつぶさに衆機に省く。機に省くの智、つぶさに応じて無知なり。寂滅の慧、また無知にしてつぶさに省く。しかればすなはち、智慧と方便と、あひ縁じて動じ、あひ縁じて静なり。動の静を失せざることは智慧の功なり、静、動を廃せざることは方便の力なり。（三二九―三三〇）

〈般若〉は絶対知。〈方便〉は絶対知のはたらくすがた、平等から差別に出るすがた。つまり無分別の分別　分別の無分別。絶対知は分別知を排除せぬ。絶対知を離れて分別知はなく、分別知を離れて絶対知はない。

「仏の身業を荘厳したまへるを観ず……仏の口業を荘厳したまへるを観ず……仏の心業を荘厳したまへるを観ず。すでに三業具足したまへるを知んぬ、人天の大師となつて化を受くるに堪へたるひとは、これたれぞと知るべし。このゆゑに次に大衆の功徳を観ず」（三一七－三一八）。聖語は、「衆生の三業と弥陀の三業と一体になるところをさして、善導和尚は『彼此三業不相捨離』（定善義　四三七）と釈したまへるも、このこころなり」（一一四七）と響き合うだろう。釈は「機法一体・仏凡一体」をあらわす。それは全体そのものの自覚にほかならぬ。「安養浄土の荘厳は　唯仏与仏の知見なり　究竟せること虚空にして　広大にして辺際なし」（五八〇）は、荘厳と知見、知と現実、言と事の同一を讃じる。知を離れて現実はなく、現実を離れて知はない。「如実修行」（三一八）とは、そのことであろう。

以下はこれ、解義のなかの第四重なり。名づけて浄入願心とす。浄入願心とは、〈また向に観察荘厳仏土功徳成就と荘厳仏功徳成就と荘厳菩薩功徳成就を説きつ。この三種の成就は願心の荘厳したまへるなりと、知るべし〉（浄土論）といへり。〈応知〉とは、この三種の荘厳成就は、もと四十八願等の清浄の願心の荘厳せるところなるによりて、因浄なるがゆゑに果浄なり。因なくして他の因のあるにはあらずと知るべしとなり。〈略して入一句を説くがゆゑに〉（浄土論）とのたまへり。上の国土の荘厳十七句と、如来の荘厳八句と、菩薩の荘厳四句とを広とす。入一法句は略とす。なんがゆゑぞ広略相入を示現すとならば、諸仏・菩薩に二種の法身あり。一つには法性法身、二つには方便法身なり。法性法身によりて方便法身を生ず。方便法身によりて法性法身を出す。この二の法身は、異にして分つべからず、一にして同じかるべからず。このゆゑに広略相入して、統ぬるに法の名をもってす。菩薩、もし広略相入を知らざれば、すなはち自利利他するにあたはず。（三二一－三二二）

「この三種の成就は、願心をもって荘厳せり」（七祖、三八）に鑑みて、一法句とは名号をいう。名号を開いて二十九種の荘厳となる。つまり名号は、「器世間清浄」（七祖、七八）と「衆生世間清浄」（七祖、七八）を摂む。名号は能観・所観、主観・客観を絶する。「不二の心」（三二五）とは、この謂いであろう。

さて、日常知はもちろん科学知も「主観―客観―関係」において成立する。関係は我見・身見の統べるところ、それによって成る。既述のように、信心は我見・身見の脱落にほかならなかった。このことは、関係そのものが虚妄・無根拠なるを意味する。「ああ、夢幻にして真にあらず」（一七七）は、以上を受けた言葉であろう。それゆえに科学も迷い。科学は人間の精神的要求に何一つ答えられぬ。価値の問題は、科学のなかに入って来ない。ところで厳密な科学のもとに数学がある。数学者は一を知らないと聞いたことがあるが、思うに一は既に抽象である。例えば具体的な林檎は、世界にそれしかないというような無限の多様性をもつ。だが、数学はそれを捨象して林檎を一としてしかとらえない。また、物理学者にとっては世界・宇宙は、整合的数式であろう。世界は主観に映った像として抽象的性格を脱しない。近代において世界は像になった。さて、「有無の見を摧破せん」（四八六）「有無をはなる」（五五七）とある。それは科学の論理に入って来ぬ。科学は有るか無いかの二者択一（Entweder ~ Oder）の形式論理に基づくから。ところで実証されるものしか信じない実証主義者は、唯物論への必然的傾向をもつだろう（科学そのものは、唯物論とか観念論とかいう世界観にインディファレントであるけれども）。実証主義者は生命を物質の一つのあり方と思っている。これは唯物論の本質を端的に語るだろう。フォイエルバッハは、「人間とはその食べるところのものである」（Der Mensch ist, was er isst）と言う。この言葉ほど唯物論の神髄を端的についたものはなかろう。このように実証主義の形而上学化・絶対化は、必然的に無神論・虚無論に到る。神も仏もない、死ねば何もない何も残らぬという具合である。虚無の集中点・零点は、ニヒリズムと呼ばれる。以上、自覚的にせよ無自覚的にせよ科学主義・実証主義は、ニヒリズムに帰結すると考えられる。

「〈四つには、かれ十方一切の世界に三宝ましまさぬ処において、仏法僧宝功徳大海を住持し荘厳して、あまねく示して如実の修行を解らしむ。偈に、《なんらの世界にか、仏法功徳宝ましまさざらん。われ願はくはみな往生して、仏法を示して仏のごとくせん》といへるがゆゑに〉（浄土論）と。上の三句は、あまねく至るといふといへども、みなこれ有仏の国土なり。もしこの句なくは、すなはちこれ法身、所として法ならざることあらん。上善、所として善ならざることあらん。観行の体相は竟りぬ」（三二〇―三二一）に、ニヒリズム・虚無論の克服を読みとる。さらに「真如はこれ諸法の正体なり」（七祖、一三七）に鑑みるに、真如は絶対肯定のすがた、虚無は跡をもとどめぬ。真如において虚無が底をつく。それゆえに正定聚は、脱自存在と言わねばならぬ。脱底的な生が彼に現れているから。ニヒリストを通り抜けたブディスト――それを正定衆という。これに対し虚無論者は、中途半端なところで楽天論者にひっくりかえっている（自己肯定がなければ、生きられないから）。いたるところに虚無感が漂っている現代、仏教の深い意味が再認識されるべきであろう。

名号は、絶対否定即肯定的に身体を含む。したがって『教行信証』は身体・実存の立場、わかるとは体でわかるのである。ところで、身体は証巻でどのように考えられているのだろうか。「〈如意〉といふは二種あり。……二つには弥陀の意のごとし、五眼円かに照らし六通自在にして、機の度すべきものを観そなはして、一念のうちに前なく後なく身心等しく赴き、三輪開悟しておのおの益すること同じからざるなり」（二一六）。信巻からの引用であるが、「弥陀の意」の義は、もちろん証巻に通じる。「顔貌端正にして世に超えて希有なり。容色微妙にして、天にあらず人にあらず。みな自然虚無の身、無極の体を受けたるなり」（三〇八）。引用の二文において、「身心、身、体」が目につく。五眼をもって感覚器官を代表すれば、眼耳鼻舌身意が仏身の真理証明の場となる。「自然虚無の身、無極の体」は、抽象的普遍でなく最も具体的、感性・感覚を排除しない。仏教は身と心を分けない、身心一如の立場である。

「なんらか三種。一つには智慧門によりて、自楽を求めず、わが心自身に貪着するを遠離せるがゆゑに」（三二七）「この智慧所生の楽は、仏の功徳を愛するより起れり。これは遠離我心と遠離無安衆生心と遠離自供養心と、この三種の心、清浄に増進して、略して妙楽勝真心とす。妙の言はそれ好なり。この楽は仏を縁じて生ずるをもつてのゆゑに。勝の言は三界のうちの楽に勝出せり。真の言は虚偽ならず、顛倒せざるなり」（三三一）。「妙楽勝真心」について、「親鸞聖人はこれを法蔵菩薩によって成就された心とみなし、他力信心の徳をあらわす名とする」（三三〇）と脚註されている。「妙楽勝真心」における信証両巻の通底を看取し得よう。「清浄法身」（三二四）「柔軟心」（三二五）も、同じ消息を伝える。

「遠離我心　遠離自供養心」は、身見・我見の脱落にほかならぬ。「菩提門相違の法を遠離」

（三二八）と一つに「順菩提門」（三二八）が成立する。脱落を生で語れば、生の底が割れると言える。念仏行者は無底の生を生きるのである。巷間、世の中に必要とされるような生、役立つような生ということが、やかましく言われる。生の功利的規定である。そういう視点は、決して生の本質に中らない。脱落は仏智の現成のほかにない。真実証において、穢身を保つかぎり残る制限が消え失せ名号の真理が全現する。「無染清浄心」（三二八）「楽清浄心」（三二九）「畢竟常楽」（三二九）は真理全現のすがたである。そのすがたを称えて、尽十方無礙光如来と申し上げる。「第十八の本願成就のゆゑに阿弥陀如来とならせたまひて、不可思議の利益きはまりましまさぬ御かたちを、天親菩薩は尽十方無礙光如来とあらはしたまへり」（七四七）「不可思議光仏、無礙光仏もこの南無阿弥陀仏をほめたまふ徳号なり。しかれば南無阿弥陀仏を本とすべしと仰せられ候ふなり」（一二四〇）とあるように、九字名号・十字名号ともに六字名号・南無阿弥陀仏を讃めたまう。至徳の尊号が『教行信証』全体を貫く。すなわち証巻は尊号の真理全現・円融無礙のはたらきを讃じるのである。

「実相を知るをもつてのゆゑに、すなはち三界の衆生の虚妄の相を知るなり。衆生の虚妄を知れば、すなはち真実の慈悲を生ずるなり。真実の法身を知るは、すなはち真実の帰依を起すなり。」（三二五）。すなはち闇と知るのは光のはたらき。裏から言えば、闇は闇を知らぬ。闇は闇を晴らすことができぬ。闇の闇たるゆえんは、明るいという顛倒したすがたで現前するところにある。たとえば明るい平和な家庭と言われるように、人生は明るいところ楽しむべきところとして直接肯定されている。否定の入る余地がない。「常楽我浄」の四顛倒として深い偽瞞が生を覆う。政治といわず経済といわずあらゆる分野で、正当化の名のもとにごまかし続けられる。「是にあらず非にあらず、百非の喩へざるところなり」(三二三)の光を蒙って、四顛倒がそれとしてあらわになる。『論註』の言葉、遠く〝いまここ〟を射程に摂むであろう。「真実の智慧」(三二二)は、人生を怖いところ悲しいところとして照し出すのである。つまり実相知に虚妄が映るというかたちで、虚妄に実相知が映る。仏と世間、真と仮が相互に映し合う。唯仏是真のもとではじめて世間虚仮を知る。前句を忘れると後句はリアリティーを失う。

「一仏土において身、動揺せずして十方に遍す、種々に応化して実のごとく修行してつねに仏事をなす」(三一八)。ここから動即静　静即動、般若と方便、如と権の相即が響く。

無上涅槃は、いたるところが中心点。一切が一切を映し合う。浄土の論理は、「広略相入」として無限大が無限小、無限小が無限大。一即一切　一切即一。浄土の論理が顕れて、「少をもつて多を摂する」(一五九)「一仏の所化はすなはちこれ一切仏の化なり。一切仏の所化はすなはちこれ一仏の化なり」(五二七)である。「〈自身住持の楽を求めず、一切衆生の苦を抜かんと欲すがゆゑに〉」(三二六)は、一切が一切においてそのもとをもち合うをいう。すなわち浄土の論理は、そのまま力の場を意味する。そうでなければ浄土も観念にとどまるだろう。「〈持〉は不散不失に名づく」（一五九）「このなかの仏土不思議に、二種の不思議力ましします。これは安楽の至徳を示すなり。一つには業力、いはく法蔵の大願業力に摂持せられたり。二つには正覚の阿弥陀法王の善力に摂持せられたり」（五四五）「かの安楽浄土は、阿弥陀如来の本願力のために住持せられて、楽を受くること間なきなり」（三二六）とあるように、すべてを一つに集める力、本願力によって浄土は摂持される。

無垢荘厳光　一念及一時　普照諸仏会　利益諸群生

仏本なんがゆゑぞこの荘厳を起したまへる。ある如来の眷属を見そなはすに、他方無量の諸仏を供養せんと欲し、あるいは無量の衆生を教化せんと欲するに、ここに没してかしこに出づ。南を先にして北を後にす。一念一時をもって光を放ちてあまねく照らし、あまねく十方世界に至りて衆生を教化することあたはず。出没前後の相あるがゆゑなり。このゆゑに願を興したまへり。「願はくはわが仏土のもろもろの大菩薩、一念の時のあひだにおいて、あまねく十方に至りて種々の仏事をなさん」と。このゆゑに「無垢荘厳光　一念及一時　普照諸仏会　利益諸群生」といへり。（七祖、八九－九〇）上に〈不動にして至る〉といへり。あるいは至るに前後あるべし。このゆゑに、また〈一念一時無前無後〉とのたまへるなり。（三二〇）

右の引文に鑑みるに、真実証は時間・空間を絶し、それを一点に摂める。浄土には過去もなければ未来もない。未だ来ないということもなければ、過ぎ去るということもない。あるのは永遠の現在のみ。あらゆる時間・空間概念は、浄土には通用しないのである。ところで常識的な時の理解は、継起的・連続的、哲学的省察に深められたとしても、主体から見られるという視野を脱しない。大雑把に言えば、時間も空間も、所詮、表象・観念に過ぎぬ。我見・身見の脱落は、時空の消滅を意味する。

「自覚・覚他・覚行窮満、これを名づけて仏となす」（七祖、三〇二）。すなわち仏には覚他・利他が本質的に属する。「もし声聞地、および辟支仏地に堕するは、これを菩薩の死と名づく。すなはち一切の利を失す。もし地獄に堕するも、かくのごとき畏れを生ぜず。もし二乗地に堕すれば、すなはち大怖畏となす。地獄のなかに堕するも、畢竟じて仏に至ることを得。もし二乗地に堕すれば、畢竟して仏道を遮す」（七祖、三一四）。『十住毘婆沙論』（易行品第九）開巻冒頭の言葉、肺腑を抉る。自分が先にたすかりたいという聲聞根性・エゴイズムが、仏敵と言わねばならぬ。

「その身を後にして身を先にするをもつてのゆゑに、巧方便と名づく」（三二七）は、法蔵菩薩成仏のこころを説くであろう。南無阿弥陀仏となりたまうたのには、迷いの衆生が一人でも残るかぎり、娑婆にとどまりたいという悲心がある。阿弥陀仏の衆生済度の働きは、未来永劫やむことがない。仏徳は利他を本とす。真実証は、利他の大活動の源泉と言わねばならぬ。「菩薩、七地のなかにして大寂滅を得れば、上に諸仏の求むべきを見ず。下に衆生の度すべきを見ず。仏道を捨てて実際を証せんと欲す。その時に、もし十方諸仏の神力加勧を得ずは、すなはち滅度して二乗と異なけん。菩薩もし安楽に往生して阿弥陀仏を見たてまつるに、すなはちこの難なけん。このゆゑにすべからく〈畢竟平等〉といふべし」（三一五－三一六）。以上引用文、易行品と照映して利他の真義が輝く。

広略相入は利他の大活動の場である。「無上仏と申すは、かたちもなくまします」（六二二）「〈法身は像なくして形を殊にす。ならびに至韻に応ず。言なくして玄籍いよいよ布き、冥権謀なくして動じて事と会す〉」（三二〇）に鑑みるに、法性法身は一切のかたち・像を絶する。ところで広略相入における略は、一法句を意味する。「一法句に二種の清浄を摂す」（七祖、一四二）は、広大無辺の開けを説く。いうまでもなく一法句は名号にほかならぬ。名号の現成は、我見・身見の脱落のゆえに「主観―客観―関係」の消滅にほかならぬ。自己も物も我見・身見の化作するところだから。すなわち名号・一法句のはたらきが、そのまま利他となる。菩薩の一挙手一投足に真実証が現成。しかもそれは彼岸のことではなく、〝いまここ〟、浄土の菩薩が済度に出ていると言ってもよい。広略相入は、一即多　多即一、差別即平等　平等即差別を現わす。「もし一衆生として成仏せざることあらば、われ仏にならじ」（三二六－三二七）という願心の成就としての平等覚、差別を排除せぬ絶対平等覚である。

また、「正直を〈方〉といふ。おのれを外にするを〈便〉といふ」（三二八）に鑑みるに、利他はつねに他者のもとにこころを置くことにほかならぬ。人を知るということのもとに広略相入がある。さて、あらゆる争いや不祥事のもとに自分も他人も知らないという無知があろう。真に自他を知れば、争いの起こるはずがない。相互理解、一切が一切を拝み合うは、真実証のはたらきにほかならない。裏から言えば、この世はこの世だけではかたがつかぬ。科学の力によってこの世を理想郷にしようとするのは、空想・自惚れのほかの何ものでもない。「煩悩具足の凡夫、火宅無常の世界は、よろづのこと、みなもつてそらごとたはごと、まことあることなき……」（八五三―八五四）に、遠く現代を見透す知見が光る。現代世界が大きな問題と化しているとき、証巻の深い意味が再発見されるべきだろう。

証巻は、大きく「真実証釈」（三〇七―三一三）と「還相回向釈」（三一三―三三五）から成り、「往還結釈」（三三五）で閉じる。ところで「往相の回向について真実の教行信証あり」（一三五）と照らし合わせると、真実証は往相から還相への転換点なることは明らかである。仏教は二世界論でないから、此土と彼土、娑婆と浄土、行信と証は、別々の世界でない。浄土は背後世界と言えぬ。ということは、証との統一における行信、何らかのかたちで此土は彼土と一つに成立することを意味する。ゆえに世界のいたるところが、衆生往生のすがたであるとともに如来来現のすがた、いつでもどこでも往還の円融無礙の転換点にほかならぬ。行信は、如来功徳全現を排除しない。そういうかたちで世界は絶対肯定の相を現わす。以上、真実証は宗教的実存としての行信から煩悩によって隔てられるにすぎぬ。すべての煩悩は我見・身見に摂まるから、その脱落は実体的な身体のないことの証明にほかならぬ。〝ある〟と思っているだけにすぎぬ。それゆえに独立した個としての往還の主体がないことは、言うまでもない。

「往相とは、おのれが功徳をもつて一切衆生に回施して、作願してともに阿弥陀如来の安楽浄土に往生せしめたまへるなり」（一五九）に鑑みるに、往相の背景に還相がある。浄土へ往く船は浄土から還った船である。「往還の回向は他力による」（二〇六）。「それ真宗の教行信証を案ずれば、如来の大悲回向の利益なり」（三一二）。すなわち往といい還というも名号・光寿二無量に摂まり、名号のはたらくすがたにほかならぬ。名号そのものは往還を離れ、しかも二回向の源泉と言わねばならぬ。

既述のように、行信には分裂の止揚・統一という意味があった。しかも分裂は、穢身を保つかぎり不可避的な制限であった。「わが心にまかせずして心を責めよ。仏法は心のつまる物かとおもへば、信心に御なぐさみ候ふと仰せられ候ふ」（一二四八）「万事につけて、よきことを思ひつくるは御恩なり、悪しきことだに思ひ捨てたるは御恩なり。捨つるも取るも、いづれもいづれも御恩なりと云々」（一三二八）に、分裂の止揚・統一の消息を見る。「信心」「御恩」は他力にほかならないから、分裂の止場は、他力の統べるところである。つまり行信には「作心」（三二四、自利利他するのに作心（強い意志力）を必要とする、脚注）という性格が残る。「作心」・精進が本質的に行信に属する。裏から言えば、穢身を保つかぎりどこまでも煩悩が残る。「『凡夫』といふは、無明煩悩われらが身にみちみちて、欲もおほく、いかり、はらだち、そねみ、ねたむこころおほくひまなくして、臨終の一念にいたるまで、とどまらず、きえず、たえずと、水火二河のたとへにあらはれたり」（六九三）。

「浄土論」（四二）にいはく、「出第五門とは、大慈悲をもつて一切苦悩の衆生を観察して、応化の身を示す。生死の園、煩悩の林のなかに回入して、神通に遊戯して教化地に至る。本願力の回向をもつてのゆゑに。これを出第五門と名づく」と。（三二三）

利行満足とは、〈また五種の門ありて、漸次に五種の功徳を成就したまへりと、知るべし。なにものか五門。一つには近門、二つには大会衆門、三つには宅門、四つには屋門、五つには園林遊戯地門なり〉（浄土論）とのたまへり。この五種は、入出の次第の相を示現せしむ。入相のなかに、初めに浄土に至るは、これ近相なり。いはく大乗正定聚に入るは、阿耨多羅三藐三菩提に近づくなり。浄土に入りをはるは、すなはち如来の大会衆の数に入るなり。衆の数に入りをはりぬれば、まさに修行安心の宅に至るべし。宅に入りをはれば、まさに修行所居の屋宇に至るべし。修行成就しをはりぬれば、まさに教化地に至るべし。教化地はすなはちこれ菩薩の自娯楽の地なり。このゆゑに出門を園林遊戯地門と称すと。（三三二）

〈出第五門とは、大慈悲をもつて一切苦悩の衆生を観察して、応化身を示して、生死の園、煩悩の林のなかに回入して、神通に遊戯し、教化地に至る。本願力の回向をもつてのゆゑに。これを出第五門と名づく〉（浄土論）とのたまへり。〈応化身を示す〉といふは、『法華経』の普門示現の類のごときなり。〈遊戯〉に二つの義あり。一つには自在の義。菩薩衆生を度す。たとへば獅子の鹿を搏つに、所為難らざるがごときは、遊戯するがごとし。二つには度無所度の義なり。菩薩衆生を観ずるに、畢竟じて所有なし。無量の衆生を度すといへども、実に一衆生として滅度を得るものなし。衆生を度すと示すこと遊戯するがごとし。〈本願力〉といふは、大菩薩、法身のなかにおいて、つねに三昧にましまして、種々の身、種々の神通、種々の説法を現ずることを示すこと、みな本願力より起るをもつてなり。たとへば阿修羅の琴の鼓するものなしといへども、しかも音曲自然なるがごとし。これを教化地の第五の功徳の相と名づくとのたまへり」と。以上抄出（三三四－三三五）

以上あきらかなように、真実証において精進が遊戯となる。つまり真実証のはたらきが、出第五門・園林遊戯地門にほかならない。繰り返し語ったように、それは行信の真理の全現をいう。真理は煩悩即菩提。転換として〝即〟は、煩悩の本質を開示する。本質は真如。大行・大信は、「真如一実の功徳宝海」（一四一）「真如一実の信海」（二一一）と讃じられる。ところで〝即〟そのものは、煩悩も菩提も離れる。あるいはそれを〝即〟という。煩悩と菩提を別々に考えるのは、対象的思考法である。そこでは煩悩も菩提も表象にすぎぬ。それとともに考える自己が残る。さて、〝即〟で開顕される煩悩は、無限に深く広い。自己反省・自己凝視を絶する。自己反省・自己凝視は、煩悩の底にとどかぬ。反省・凝視の不毛性は、あきらかであろう。「弥陀の五劫思惟の願をよくよく案ずれば、ひとへに親鸞一人がためなりけり。さればそれほどの業をもちける身にてありけるを、たすけんとおぼしめしたちける本願のかたじけなさよ」（八五三）に鑑みて、悪業煩悩が本願と反極的に接する（逆対応）ことは、疑いの余地がない。それを踏まえて自己が業でなく、業が自己と言わねばならぬ。その意味で自己のもと、は、どこまでも「自己」を超える。それゆえに意識の立場で業は語られぬ。「自己」は海面に現れた氷山の一角に譬えられるだろう。海面下には無限の氷塊が隠れている。海面上に顔を出したところから言えば、一切の群生はそれぞれ各別、自己と他者は深淵を隔てて分かれる。ところで底辺を共有する無数の三角形という図式が、この間の消息をうまく伝えると思はれる。頂点がそれぞれの衆生を象徴するならば、底辺は一切の衆生の発現する根源と言える。「それほどの業」（八五三）は、一切の群生の業を含んで仰せられているのである。そういうかたちで無始無明が念起した。「生死の大海」（六〇二）は、無限の散乱・愛別離苦の場である。業が自己とは、無限の散乱を含んで言われたわけである。所詮、この世はすべてがばらばらに散りゆく会者定離の場である。しかし、真実証は散乱を一つに集める場。そこに浄土は虚無を超えるという意味があろう。

　われありのもとに無数の縁のつながりが開かれている。その意味でわれありは集中を語る。一切に一切が集められる。諸法因縁生とはそのことであると思う。「一切の有情はみなもつて世々生々の父母・兄弟なり。いづれもいづれも、この順次生に仏に成りてたすけ候ふべきなり」（八三四−八三五）に、この〝つながり〟とともに園林遊戯地門への展望を看取し得るであろう。すなわち、煩悩即菩提は一切の悪業煩悩が功徳に展じ仏縁にかかわることを意味する。無限の悪業煩悩のつながりが、そのまま慈悲の通路になる。要約するに、〝即〟は遊戯の場にほかならない。絶対否定されたかたちであれ、悪業煩悩の全体（そういう意味で自己）が真実証に包摂されるから、難思議往生は創造的活動・衆生済度に出ることにほかならぬ。それが園林遊戯地門のこころである。「有縁を度してしばらくも　休息あることなかりけり」（五五九）と讃じられるように、永遠の仏事が往生人に全面的に受け継がれる。

しかれば、大聖の真言、まことに知んぬ、大涅槃を証することは願力の回向によりてなり。還相の利益は利他の正意を顕すなり。ここをもつて論主（天親）は広大無礙の一心を宣布して、あまねく雑善堪忍の群萌を開化す。宗師（曇鸞）は大悲往還の回向を顕示して、ねんごろに他利利他の深義を弘宣したまへり。仰いで奉持すべし、ことに頂戴すべしと。
（三三五）

六真仏土

つつしんで真仏土を案ずれば、仏はすなはちこれ不可思議光如来なり、土はまたこれ無量光明土なり。しかればすなはち、大悲の誓願に酬報するがゆゑに、真の報仏土といふなり。すでにして願います、すなはち光明・寿命の願（第十二・十三願）これなり。（三三七）

真仏土と真実証は、弥陀同体のさとりと言われるように内実を一にする。真仏土と真実証は、能摂・所摂の関係に立つ。真実証巻から真仏土巻を開説されたのは、深い意味があろう。拙著は能摂を正面に出して真仏土による全巻の根源的統一を語ったわけである。「惑染の衆生ここにして性を見ることあたはず。煩悩に覆はるるがゆゑに。……安楽仏国に到れば、すなはちかならず仏性を顕す。本願力の回向によるがゆゑに」（三七一）とあるように、穢身を保つかぎりどうしようもなかった制限がはずされ、名号の真理が真実証・真仏土として全現する。ところで、「往相の回向について真実の教行信証あり」（一三五）を承けて、証巻は往くという方向から見られていることはあきらかである。しかし還相回向釈に鑑みるに、真実証は同時に還える、つまり往相から還相への転換点である。証巻に還相回向を開顕されたのは、往相を受けてであろう。そこに転換点ということが、際立つ。「仏法は無我にて候ふ」（一一八二）の指南により、往還の個人的主体があるのではない。むしろ転法輪を開いて二回向となる。真実証巻に対し、真仏土巻は往還を離れた「仏因―仏果」の開顕、「選択本願の正因によりて、真仏土を成就せり」（三七二）。真仏土は二回向発現の源泉、光寿二無量の照耀にほかならない。さらに「光明は不羸劣と名づく」（三四三）とあるように、衆生済度のはたらきは倦むことがない。

既述のごとく、真仏土が『教行信証』六巻を根源的に統一、光寿二無量において各巻が包摂し合う。浄土真宗は、本願すわり本願が真宗を定礎する。真仏土に光被されて行信が往還の円融無礙の転換点という意味をもつ。すなわちありとしあるもの生きとし生けるものの浄土へ往くすがたと見ることもできるし、浄土から還来するすがたと見ることもできる。教行信証の本質が名号とは、そういうことである。

「されば真仏土巻は正しく、われらの帰依の対象となるものである。しかしその帰依とは真実の行信のほかにはない。したがって真仏土を感知しうるものは、ただ真実の行信である。われらは真仏土を知ってのち行信するのではない。ここに帰依の対象となる真仏土は、帰依の原理となるものではなく、また信心の本体となるものでないことが彰わされている。そこに真宗の立場があるのである」[9]。大栄師の解説には、ついて行けない。「帰依の対象」という表現は「主―客」、帰依する私と帰依される仏を予想させる。つまり「主―客」前提における真仏土の解釈である。金子師はそういう対立の場を抜け出ていない。仏が残り自己が残っている。「〈もし説くといへども、能説のありて説くべきもなく、また能念の念ずべきもなしと知るを、名づけて随順となす〉」（三七一）によって、「主―客―関係」の場で説教が成立しないことはあきらかである。主客を絶した場で説聴が起こる。

次に、「感知」とはどういうことだろうか。師の解説によると、真仏土の「感知」は行信に基づくあるいは行信から来る。強く言えば、師は行信と「感知」を等置している。「感知」について、広辞苑には「気配や様子から感じとって知ること感づくこと」とある。「感知」は人間の感性・知性のはたらきをいうことは疑いの余地がない。「感知」は人間的な何物かであるということは動かせぬ。さて、親鸞聖人は大行を「真如一実の功徳宝海」（一四一）、大信を「真如一実の信海」（二一一）と讃じられる。行信は真如法性そのものにほかならないのである。行信の体は真如、真如の現成としての行信と言わねばならぬ。ここに「真実の行信」と「感知」との隔たりは覆うべくもなかろう。なお、師の行信二巻の解説にも言いたいことがあるが、いまは差し置く。

不可思議光如来・無量光明土は、誓願の酬報である。さて、光明とは何を意味するのだろうか。まず感性的な光でないことは、「超日月光仏」（三三八）「暎蔽日光・暎蔽月光・掩奪日月光」（三三九）の号によって瞭然である。光明無量寿命無量は、感覚・表象ともに絶する。考えることすらできぬ。「それ須弥を芥子に入れ、毛孔に大海を納む、あに山海の神ならんや。毛芥の力ならんや、能神のひとの神ならくのみ」（三六一）「一切衆生の心、あまねく三世にあるを、如来は一念において、一切ことごとくあきらかに達したまふ」（七祖、九八八）は、極微の一点を貫通する神力を説くと思われる。無限の時空・「娑婆永劫の苦」（五九三）が極微の一点に集められ、その一点を神力が貫ぬくわけである。これは時間・空間の制約を脱すること、時空の超絶を意味する。真仏土には時間も空間もない。『十住毘婆沙論』「十方十仏章」は、時空を出た世界を説く。時間・空間を出る世界を不可思議光如来・尽十方無礙光如来と讃じたてまつる。「法身はすなはちこれ常楽我浄なり。永く一切生老病死、非白非黒、非長非短、非此非彼、非学非非学を離れたまへば、もし仏の出世および不出世に、つねに動せずして変易あることなけん」（三五四）は、名号の功徳の開展にほかならぬ。さらに「不断光」（三六二）「常称」（正信偈）に鑑みるに、時は如来と言える。念仏者は、名号が私を生きるというかたちで如来のいのちを生きる。念仏者の生き方を語って「僧はすなはち無為なり、無為はすなはちこれ常なり」（三四四）であろう。

「かの光明清浄広大にして、あまねく衆生をして身心悦楽せしむ。また一切余の仏刹のうちの天・竜・夜叉・阿修羅等みな歓悦を得しむ」（三三九）。「それ衆生ありて、この光に遇ふものは、三垢消滅し、身意柔軟なり。歓喜踊躍し善心生ず。もし三塗勤苦の処にありて、この光明を見れば、みな休息を得てまた苦悩なけん。寿終へて後、みな解脱を蒙る」（三三八）。「速疾に超えて、すなはち安楽国の世界に到るべし。無量光明土に到りて、無数の仏を供養す」（三三九）。「〈阿弥陀仏の光明は極善にして、善のなかの明好なり。それ快きこと比びなし、絶殊無極なり。……諸有の人民、蜎飛蠕動の類、阿弥陀仏の光明を見ざることなきなり。見たてまつるもの、慈心歓喜せざるものなけん。世間諸有の淫泆・瞋怒・愚痴のもの、阿弥陀仏の光明を見たてまつりて、善をなさざるはなきなり。もろもろの泥梨・禽狩・薜茘・考掠勤苦の処にありて、阿弥陀仏の光明を見たてまつれば、至りてみな休止して、また治することを得ざれども、死して後、憂苦を解脱することを得ざるものはなきなり。阿弥陀仏の光明と名とは、八方十下無窮無極無央数の諸仏の国に聞かしめたまふ。諸天・人民、聞知せざることなし。聞知せんもの、度脱せざるはなきなりと〉と。仏ののたまはく、〈それ人民、善男子・善女人ありて阿弥陀仏の声を聞きて、光明を称誉して、朝暮につねにその光好を称誉して、心を至して断絶せざれば、心の所願にありて、阿弥陀仏国に往生す〉」（三四〇－三四二）。「よくもろもろの衆生の三毒の熱悩を滅したまふ」（七祖、一一）。

『往生要集』は、人道を不浄・苦・無常という三範疇でくくる。人生に真実の幸福はない。幸福を求めない人はないが、いわば無いもの探しで生を閉じるだろう。すべての川が海に流れこむように、生は順調に行っても老病死に終る。生の直接肯定は、かならず破綻する。しかし、此土の不完全・苦悩は、「世の住み憂きはいとふたよりなり」（一四二五）とあるように、彼土の完全・大楽を暗示するのではなかろうか。これを享けて次の聖語がある。「善男子・大楽あるがゆゑに大涅槃と名づく。涅槃は無楽なり。四楽をもつてのゆゑに大涅槃と名づく。なんらをか四つとする。一つには諸楽を断ずるがゆゑに。楽を断ぜざるは、すなはち名づけて苦とす。もし苦あらば大楽と名づけず。楽を断ずるをもつてのゆゑに、すなはち苦あることなけん。無苦無楽をいまし大楽と名づく。涅槃の性は無苦無楽なり。このゆゑに涅槃を名づけて大楽とす。この義をもつてのゆゑに、大涅槃と名づく」(三四五－三四六)。すなはち涅槃は、相対的な苦楽を絶する。大楽が極楽浄土の楽にほかならぬ。「楽に三種あり。一つには外楽、いはく五識所生の楽なり。二つには内楽、いはく初禅・二禅・三禅の意識所生の楽なり。三つには法楽、いわく智慧所生の楽なり。この智慧所生の楽は、仏の功徳を愛するより起れり」(三三一)。右に鑑みるに、極楽涅槃は智慧所生。大楽は絶対知に由来する。「諸仏如来は、一切智のゆえに名づけて大楽とす」(三四六)。

生老病死は四苦、それに愛別離苦を加えて五苦といわれる。苦悩のもとに不浄業がある。「一切凡夫の業は、不浄業のゆゑに涅槃なし」(三四七)。如来これを憐みて弘誓を起こしたまう。誓願に酬報して真仏土・無上涅槃。大涅槃は大楽清浄。「諸仏如来は業清浄のゆゑに、ゆゑに大浄と名づく。大浄をもつてのゆゑに大涅槃と名づく。三つには身清浄のゆゑに。身もし無常なるをすなはち不浄と名づく。如来の身は常なるがゆゑに大浄と名づく。大浄をもつてのゆゑに大涅槃と名づく。四つには心清浄のゆゑに。心もし有漏なるを名づけて不浄といふ。仏心は無漏なるがゆゑに大浄と名づく。大浄をもつてのゆゑに大涅槃と名づく。善男子、これを善男子・善女人と名づく」(三四七)。

人生は不浄・苦・無常に統べられる。あらゆる問題がそこに集まる。まさに人生の根本問題である。そういう根本問題が問題のまま問題自身を解消、問題が問題ではなくなる。まさにそれが真仏土。「高原の陸地には蓮を生せず。卑湿の淤泥に蓮華を生ず」(五四九)。「正覚の阿弥陀法王、よく住持したまへり。如来浄華の衆は、正覚の華より化生す」(七祖、三〇)。以上、名号の功徳全現を称える。

不可思議光如来は、思考、山河大地、すべての存在するものの切断にほかならぬ。ゆえに不可思議光如来は、科学的合理的思考とは絶対に異質的である。人間の側からのあらゆる接近を峻拒する。不可思議光如来に対してあらゆる手掛りが奪われる。ところで先の引用文から、切断局面を学び得るであろう。「三垢消滅、身意柔軟、歓喜踊躍、善心生ず、休息、解脱、身心悦楽、歓悦、慈心歓喜、度脱、三毒の熱悩を滅す」等々は、衆生における照用、光における衆生のすがたを語る。誓願成就は、そのなかにどこまでも衆生を含む、含んで成就である。弥陀は願成就のために、衆生を招喚すると言わねばならぬ。「〈仏の本願力を観ずるに、遇うて空しく過ぐるものなし。よくすみやかに功徳大宝海を満足せしむ〉」(三六二)。この法語に、一つの満足における仏と衆生、満足における両者を看取し得るのであろう。ゆえに「真如一実の功徳宝海」(一四二)「真如一実の信海」(二一一)は、行信における真仏土の先取と見るべきであろう。

真仏土が、往生即成仏の必然性を証すのである。

既に真実の行を顕す行巻に展開されたように、光が声となる。光は声、声は光。それが念仏である。すなわち行の本質は、真仏土である。ゆえに念仏は、意識の立場でもなければ無意識の立場でもない、覚・不覚を離れる。同じことが真実の信を顕す信巻についても言われ得る。名号誓願の現成として、山河大地、山川草木、一切群生が正覚を成ぜしめられる――それが信の一念。そしてそのほかに安心はない。真仏土が教行信証全体を包摂するゆえんである。「それ衆生ありて、この光に遇ふものは、三垢消滅し、身意柔軟なり。歓喜踊躍し善心生ず。もし三途勤苦の処にありて、この光明を見れば、みな休息を得てまた苦悩なけん」（三三八）は、真仏土の現れとしての行信を説くであろう。そこに行信の個人を超える世界性を看取し得よう。すなわち光寿二無量が、意識・無意識を離れ全身心を貫く。「念仏三昧において信心決定せんひとは、身も南無阿弥陀仏、こころも南無阿弥陀仏なりとおもふべきなり」（一三九）。もし単に意識の立場ならば「心行寂滅」（三二九）が、また単に無意識の立場ならば「願楽覚知の心」（二三〇）が言われ得ないであろう。「〈説より無説に入り、念より無念に入る〉」（三七二）は、意識の立場を離れるをいう。それゆえに「如来の尊号は、はなはだ分明なり」（一七二）は、単に無意識の立場でなくそれを超える明証の謂い。明証は正覚にほかならぬ。すなわち弥陀の正覚において安心、落ち着く。「もろもろの法忍を証せん」（三四二）。「〈三帰をもつてのゆゑに、すなはち仏性と決定と涅槃とを知るなり〉」(三四三)。「この光明はすなはち諸仏の智なり」(五四五)。「もし人一心にその名号を称すれば、すなはち阿耨多羅三藐三菩提を退せざることを得」(七祖、一〇)。以上の引文、いずれも仏正覚の現成としての三帰依・称名を語る。宗教的行為は、その意味で自覚的と言わねばならぬ。正覚の光被のもと宗教的意識は、了々分明。すなわち光は智慧のすがたにほかならない。「仏智・不思議智・不可称智・大乗広智・無等無倫最上勝智」(七六)、いずれも阿弥陀仏の光徳・智慧を讃える。智慧光において自己を知る、瞬間〱の直下に自己を知るということがある。また、そのほかに自己を知るということはない。「菩薩、もし一切衆生ことごとく仏性ありと聞けども、心に信を生ぜざれば、聞見と名づけず」(三五六)。「もし如来所有の身業を見たてまつらんは、まさに知るべし、これすなはち如来とするなり」(三五六)。以上に鑑みるに、人間の眼で如来を見ることができぬことはあきらか。だが、このことはいかなる意味でも見るを排除するものでない。光明は自照自覚的、光明において〝見る〟が成立する。聞即信は、同時に聞見と言われる。「諸仏世尊は眼に仏性を見そなはす、掌のうちにおいて阿摩勒菓を観ずるがごとし」(三五六)。

一般論から言えば、〝意識とは何か〟は、もともと立てられないまして答えられない問いである。というのは、問いも答えも意識の自明性にとどまり意識の立場から一歩も出ることができないから。ところで生死事大・無常迅速は宗教的問いの開く地平である。そういう根源的問いにおいて、意識の自明性が自明性のまま不明になる。つまり単に意識の立場で問いをもちこたえることができぬ。だが、正覚と一つの意識——宗教的意識——は、覚・不覚を超えて明瞭燦然である。宗教的意識は、覚・意識より不覚・無意識に入り、不覚・無意識より覚・意識に出る三百六十度の回転に成立する。既述のように、常楽我浄の四顛倒が凡夫を規定する。ところで涅槃は常楽我浄である。これは三百六十度の回転以外の何ものでもない。「凡夫人ありて煩悩成就するもまたかの浄土に生ずることを得れば、三界の繋業、畢竟して索かず。すなはちこれ煩悩を断ぜずして涅槃分を得。いづくんぞ思議すべきや」（七祖、一一一）も、同じ消息を伝えるであろう。煩悩即菩提は、まさにそういう回転をいう。回転は疑雲永晴にほかならぬ。「解脱の光輪きはもなし。光触かぶるものはみな　有無をはなるとのべたまふ　平等覚に帰命せよ」（五五七）は、前述の回転が光の照用なることを説く。「如来は身心智慧、無量無辺阿僧祇の土に遍満したまふに、障礙あることとなし、これを虚空と名づく」（三四八）とあるように、回転は尽十方無礙光如来の加威力による。

科学は分析と綜合のほかになく、二者択一の形式論理を一歩も出ぬ。無分別の分別、分別の無分別は、科学のなかに入って来ない。分別・分別知の根源に無始無明・忽然念起無明があろう。「衆生は邪見をもつてのゆゑに、心に分別を生ず。もしは有、もしは無、もしは非、もしは是、もしは好、もしは醜、もしは善、もしは悪、もしは彼、もしは此、かくのごとき等の種々の分別あり。分別をもつてのゆゑに長く三有に淪みて、種々の分別の苦・取捨の苦を受けて、長く大夜に寝ねて、出ずる期あることなし」（七祖、一一二八―一一二九）。以上、科学も迷いと言わねばならぬ。宗教は科学から絶対の断絶を踏まえて成立するわけである。

〈群賊・悪獣詐り親しむ〉といふは、すなはち衆生の六根・六識・六塵・五陰・四大に喩ふ。（二二五）

『悪獣』とは、六根・六識・六塵・五陰・四大なり。（五三六）

なんじいふところの一闡提の輩のごとし、もし身業・口業・意業・取業・求業・施業・解業、かくのごときらの業あれども、ことごとくこれ邪業なり。（三四九）

われ無始より三界に循りて、虚妄輪のために回転せらる。一念一時に造るところの罪業、足六道に繋がれ三塗に滞まる。（三六二）

一切衆生はことごとく仏性あれども、煩悩覆へるがゆゑに見ること得ることあたはず。（三五五）

右の諸文は、身心の全体の真実からの断絶を説く。絶対の断絶を踏まえて自己は立つ。断絶の内実は反逆、つまり反逆において自己は立つ。断絶・反逆の全体規定は、感性・表象が宗教的真理証明の場でないことを意味する。それゆえに『教行信証』に展開される思惟は、科学的思考と絶対に異質的と言わねばならぬ。

「一向専修のひとにおいては、回心ということ、ただひとたびあるべし」（八四八）は、まさに三百六十度の回転をいう。そういう回転はもとに戻るわけだから、変らぬと言えば何一つ変らぬ塵一つ動かぬ。しかし、変ったと言えばすっかり変る、すべてが、したがって言葉も思考も新しくなる。というのは、回転が我見・身見の脱落だからである。「存在《もの》が我として存在しているととらえる人びととは、『存在《もの》に我を考え』、あるいはまた存在《もの》のなかに我をとらえる人びとは、『存在に我を考える』」[10]。すなわち世界が、我見・身見という見やりのもとに現れるわけである。そういう視圏が回転において脱落、如実相・自然が現成する。如実相は現実の現実としての自覚——「仏性はすなはちこれ如来なり」（三四四）はこれをいう。以上、真仏土は背後世界ではなく、如実相・自然としての世界の自覚以外の何ものでもない。身心の全体の回転、回転の全体ゆえに、断絶即連続　連続即断絶と言わねばならぬ。回転において理性・感性・感覚を含めた全体が真理証明の場となる。「願をもつて力を成ず、力もつて願に就く。願徒然ならず、力虚説ならず。力願あひ符つて畢竟して差はず。ゆえに成就といふ」（三六一）の光被によって、回転は本願力によることはあきらかである。すなわち回転を光寿二無量が摂し、光寿二無量における回転である。

「一切の法は定相あることなし」（三五〇）「仏、須菩提に告げたまはく、《色すなはちこれ化なり、受・想・行・識すなはちこれ化なり、乃至一切種智すなはちこれ化なり》と……須菩提まうさく、《なんらかこれ不生不滅にして変化にあらざる》と。仏ののたまはく、《誑相なき涅槃、この法変化にあらず》と。……性空なる、すなはちこれ涅槃なり」（三六六－三六七）。「道の性相、実に不生滅なり」（三四五）「《もし法の生滅の相あるは、みなこれ変化なり》」（三六七）。右に徴するに、無常と言えばすべてが無常、常住と言えばすべてが常住である。無常と常住、時と永遠の統一としての瞬間。生滅・無常・変化と一つに、「誑相なき涅槃」が説かれる。それは有即空　空即有における有であろう。諸法実相とは、この謂い。

　さて、西洋形而上学は、存在するものの存在（das Sein des Seienden）を問う。存在するものから存在を考える——それが形而上学の視圏、そこでは存在が存在性（die Seiendheit）となる。ハイデッガーによればそれは存在的差違（die ontische Differenz）であった。視圏は存在するものからという見やりを脱していない。ところで真空不空といわれるように、空もまた空、表衆された空は空でない。つまり有即空　空即有は、形而上学視圏を絶する。「誑相なき涅槃」は、あたかも断崖絶壁のごとくあらゆる接近を峻拒するのである。「真如はこれ諸法の正体なり」（七祖、一三六）は、有即空　空即有、「誑相なき涅槃」を語るであろう。「存在《ある》するもの」はまったく跡をとどめぬ。ここから時について決定が下されるであろう。つまり実体的な時、すなわち身見を離れた時はない。「また名づけて時とす」(三五三)について、「五陰には時間的変化があることよりいう」(三五四)と脚注されている。時の背景に身見がある。要するに実体的な時間・空間はない、それは表象にすぎぬ。翻って「仏をまた……過去・現在・未来と名づく」(三五四)は、時・三世を貫通する永遠を説くと思われる。時の本質は如来と言える。「もし衆生ありて、その光明の威神功徳を聞きて、日夜に称説し、心を至して断えざれば、意の所願に随ひて、その国に生ずることを得て、もろもろの菩薩・声聞大衆のために、ともにその功徳を嘆誉し称せられん」(三三八)は、不断光仏の徳の開展である。ここに不断光仏としての時、時を貫通する永遠が称えられている。すなわち相続も他力である。既述のように、信心は我見・身見の脱落であった。時が身見に由来する――業に引かれて流転生死する――かぎり、念仏は時と永遠の統一と言える。

歴史の意味もそういう時からのみ理解されるであろう。歴史は念仏に基礎づけられる。「弥陀の五劫思惟の願をよくよく案ずれば、ひとへに親鸞一人がためなりけり。さればそれほどの業をもちける身にてありけるを、たすけんとおぼしめしたちける本願のかたじけなさよ」(八五三)は、親鸞における歴史(die Geschichte)の意味の開顕であろう。これに対し史学(die Historie)は、歴史と異質的、その意味で歴史的ではない。史学は学者の主観に組みこまれた史料の表象体系にすぎない。いろいろな史観(唯物史観・皇国史観等)があるのは、学者の主観性に由来する。それでは正像末史観はどうだろうか。それも主観にすぎないのか。正像末史観は宗教的資質の時代にともなう劣化をいう。恐ろしい時代が来たものだと、私も思っている。だが、「正法の時機とおもへども　底下の凡愚となれる身は　清浄真実のこころなし　発菩提心いかがせん」（六〇三）とあるように、「正法の時機」から正像末史観が考えられている。背景に超越――名号は永遠不滅――がある。正像末史観をいわゆる史観と同一視できないであろう。

「十方三世の無量慧、同じく一如に乗じて正覚と号す。二智円満して道平等なり。摂化すること縁に随ふ、まことにそこばくならん」（三六四）。二智とは、実智と権智。実智は般若の智慧、権智は方便智をいう。ところで権智は、時から出て時に入り時にはたらくすがたである。時から出るは往相、時に入るは還相、本願はそういう円環運動として入出をそのもとに摂する。本願は、どこまでも時に関係するのである。時との関係に入らないような永遠は、生ける永遠ではない。単に考えられた永遠・表象にすぎぬ。

それ報を案ずれば、如来の願海によりて果成の土を酬報せり。ゆゑに報といふなり。しかるに願海について真あり仮あり。ここをもつてまた仏土について真あり仮あり。（三七一―三七二）

選択本願の正因によりて、真仏土を成就せり。真仏といふは、「大経」（上）には「無辺光仏・無礙光仏」とのたまへり、また「諸仏中の王なり。光明中の極尊なり」（大阿弥陀経・上）とのたまへり。以上『論』（浄土論　二九）には「帰命尽十方無礙光如来」といへり。真土といふは、『大経』には「無量光明土」（平等覚経・二）とのたまへり。あるいは「諸智土」（如来会・下）とのたまへり。以上『論』（浄土論　二九）には「究竟して虚空のごとし。広大にして辺際なし」といふなり。往生といふは、『大経』（上）には「皆受自然虚無之身無極之体」とのたまへり。以上『論』（浄土論）には「如来浄華衆　正覚華化生」といへり。また「同一念仏無別道故」（論註・下一二〇）といへり。以上また「難思議往生」（法事讃・上）といへるこれなり。（三七二）

仮の仏土とは、下にありて知るべし。すでにもつて真仮みなこれ大悲の願海に酬報せり。ゆゑに知んぬ、報仏土なりといふことを。まことに仮の仏土の業因千差なれば、土もまた千差なるべし。これを方便化身・化土と名づく。真仮を知らざるによりて、如来広大の恩徳を迷失す。これによりて、いま真仏・真土を顕す。これすなはち真宗の正意なり。経家・論家の正説、浄土・宗師の解義、仰いで敬信すべし、ことに奉持すべきなり。知るべしとなり。（三七二―三七三）

真宗の全体は、恩徳の二字に摂まる。裏から言えば、真仮がわかるのも恩徳による。人間・凡夫は無限絶対の恩徳を知ることができない。「弥陀の願船に乗じて、生死の苦海をわたり、報土の岸につきぬるものならば、煩悩の黒雲はやく晴れ、法性の覚月すみやかにあらはれて、尽十方の無礙の光明に一味にして、一切の衆生を利益せんときにこそ、さとりにては候へ」(八四七)。

聖語は、名号の真理全現・絶対知開顕を説く。その光沢を蒙って恩徳の領解がある。恩徳を恩徳と知ること、そのことが恩徳のなか。恩徳において恩知らずと知らされる。すなわち仮の仏土は仮の仏土であるかぎり、仮の仏土を知ることができぬ。「迷失」の二字は重い。それゆえに「報ずべし、……謝すべし」(恩徳讃)は、報謝せざるを得ないという恩徳の自然な展開にほかならぬ。真仏土からのみ真仮を知るが言われ得るのである。仮の仏土を真仏土から隔てる線は、真仏土における現成ゆえに、実体的な仮の仏土があるわけではない。仮の仏土は自覚即超克と言える。

真仏土が教行信証全体を包摂する――それが拙著の論理的骨格であった。真実証・真仏土の全現は彼土を俟たねばならないけれども、単にそれに尽きるならば、つまり彼岸が此岸と何の関係もないならば証文類・真仏土文類が展開され得ない。真仏土・光寿二無量が行信二巻をも通底するわけである。すなわち「行の一念、信の一念」は、真如法性・真仏土そのものにほかならぬ。「一念」は真仏土の先取である。「一念」は自力疑心の死・我見の脱落以外の何ものでもないから、光寿二無量の先取は、死の先取り死ぬ前に死ぬことをいう。如来のいのちに対するとき、生即不生　死即不死。念仏者は不生・不死の生を生きる。

「仮の仏土とは、下にありて知るべし。すでにもつて真仮みなこれ大悲の願海に酬報せり。ゆゑに知んぬ。報仏土なりといふことを」（三七二）。この真仮対弁釈の光沢を蒙って「大悲の願海」に化土はない。光寿二無量の外には何もない。真にあると言えるのは報土のみ。よって報土から化土を開く。報中の化である。また、それには深い意味があろう。報中の化は、化身土巻開説の必然性を含意する。

「また『観経のなかに、上輩の三人、命終の時に臨んで、みな〈阿弥陀仏および化仏と与に、この人を来迎す〉とのたまへり。しかるに報身、化を兼ねてともに来りて手を授くと。ゆゑに名づけて〈与〉とす。この文証をもつてのゆゑに、知んぬ、これ報なりと」（三六五）「しかれば、弥陀如来は如より来生して、報・応・化種々の身を示し現じたまふなり」（三〇七）に鑑みるに、すべては報仏。化仏は報仏を報仏と拝み得ない衆生の制限に属するであろう。これを汲んで衆生の機相に相応した身を現わされたのが化身である。聖人は、『観経』真身観の仏をも化身と判じられた。

七　方便化身土

つつしんで化身土を顕さば、仏は『無量寿仏観経』の説のごとし、真身観の仏これなり。土は『観経』の浄土これなり。また『菩薩処胎経』等の説のごとし、すなはち懈慢界これなり。また『大無量寿経』の説のごとし、すなはち疑城胎宮これなり。

しかるに濁世の群萌、穢悪の含識、いまし九十五種の邪道を出でて、半満・権実の法門に入るといへども、真なるものははなはだもつて難く、実なるものははなはだもつて希なり。偽なるものははなはだもつて多く、虚なるものははなはだもつて滋し。ここをもつて釈迦牟尼仏、福徳蔵を顕説して群生海を誘引し、阿弥陀如来、本誓願を発してあまねく諸有海を化したまふ。すでにして悲願います。修諸功徳の願（第十九願）と名づく、また臨終現前の願と名づく、また現前導生の願と名づく、また来迎引接の願と名づく、また至心発願の願と名づくべきなり。（三七五－三七六）

既述のように、光寿二無量が教行信証全体を包摂、ゆえに化身土は報中の化。報土から化土を開く。ところで化身土巻開説の意味は何か。解答は至心発願・至心回向の願、第十九願・第二十願の願意にある。すなわち「福徳蔵を顕説して群生海を誘引」「阿弥陀如来、本誓願を発してあまねく諸有海を化したまふ」が、化身土巻開説の真義にほかならぬ。直ちに弘願門に入れない機の調熟誘引のために、この両願が発起された。「欣慕」（三九六）「丈六八尺随機現の形像」（九二〇）「諸経随機の得益」（一三八六）に、〝お育て〟の意を看取する。化身土巻はお育てと言える。

ここをもつて愚禿釈の鸞、論主の解義を仰ぎ、宗師の勧化によりて、久しく万行諸善の仮門を出でて、永く双樹林下の往生を離る。善本徳本の真門に回入して、ひとへに難思往生の心を発しき。しかるにいまことに方便の真門を出でて、選択の願海に転入せり。すみやかに難思往生の心を離れて、難思議往生を遂げんと欲す。果遂の誓（第二十願）、まことに由あるかな。ここに久しく願海に入りて、深く仏恩を知れり。至徳を報謝せんがために、真宗の簡要を摭うて、恒常に不可思議の徳海を称念す。いよいよこれを喜愛し、ことにこれを頂戴するなり。（四一三）

有名な三願転入の告白、調熟が現れて転入となる。動的構造における三願・三経・三機・三往生、つまり三々四科の法門。三願転入は、それを摂する。ゆえに転入の論理構造の解明が、化身土巻の領解になろう。さて、転入には両面がある。一は歩々絶対、二は過程・途上。両面の統一、絶対における途上、途上における絶対としての転入である。道理は道理を通すから道理なのである。目的さえ正しければ手段を選ばぬということはあり得ない。そういう目的は正しくない。すべてが、道理・絶対によって規定されているということである。すなわち三願転入は場所における運動、場所からの運動ではない。仏道は、仏道のために求められるべきである。真実は真実なるがゆえに、求められなければならぬ。すなわち修行によって利益が求められてはならない。仏道は、〝何の役に立つか〟という功利主義の視圏を隔絶するのである。

いま三々四科の法門を、さしあたり三機において問題としたい。機は法の光によってあきらめられるから、考察がそれによって導かれることは言うまでもない。三願転入を自己・実存においてとらえて、三機となる。三機とは、邪定聚・不定聚・正定聚の謂い。すなわち転入は、宗教的生・宗教的実存の深化にほかならない。

生は生以外の何ものによっても、説明もされないし支えることもできぬ。そういう何かを求めることは、生の頽落にほかならない。生には金や名誉・地位・家庭等、この世の何ものによっても満たされない何ものかがある。知識・教養も生を満たさぬ。すなわち生の意味は、生そのもののなかから開顕されるほかにない。ということは、生がそもそも課題的であることにほかならぬ。課題は根本的な問いとして迫るであろう。「老病死を見て世の非常を悟る」(四)は、問いの現実化である。課題は、どう生きどう死ぬかに収斂する。課題が死を含むかぎり、生はそもそも超越的構造を示すと言わねばならぬ。言うまでもなく現実の人間は、生きるを離れない。ゆえに生の超越構造は、そのまま人間の動的構造を意味する。「人間とは、超克さるべき何ものかである」[11]。「男子三日経てば刮目して合い待つべし」。思想的系譜は違うけれども、いずれも生の動的構造を語るであろう。これに対し、昔のままで進歩のない人物を「呉下の阿蒙」と貶する。

生の根本的課題に応える——それはさしあたり倫理・道徳であろう。倫理・道徳は、徹頭徹尾、真面目ということによって規定される。生そのものが、真面目というあり方を開いて来ると言ってもよい。倫理・道徳は自由に立脚。自由はそれに根拠を置く。ところで自由の深い意味——経験・感性的要求からの独立——を明らかにしたのは、カントの『実践理性批判』である。しかし『宗教論』に至って自由は、悪の問題に突き当ってディレンマに陥る。だが、いまはカントに立ち入ることができない。「いわゆる凡夫人天の諸善、人天の果報、もしは因もしは果、みなこれ顚倒、みなこれ虚偽なり」(七祖、五六)「顚倒の善果よく梵行を壊す。……ただこれ自力にして他力の持つなし」(一五五)は、倫理・道徳の問題に対する決定打であろう。絶対知から見れば、倫理も道徳も迷い(科学がそうであるように)と言わねばならぬ。理性が根本悪に引きずりこまれる。自己偽認がそのすがた。「雑毒の善、虚仮の行」(二一七)は、これを伝える。

たとひわれ仏を得たらんに、十方の衆生、菩提心を発し、もろもろの功徳を修し、心を至し発願してわが国に生ぜんと欲はん。寿終の時に臨んで、たとひ大衆と囲繞してその人の前に現ぜずは、正覚を取らじ。（一八、三七六）

「もろもろの功徳」とは、定善・散善をいう。定散二善で一切の功徳を摂む。「やや、願はくは世尊、われに思惟を教へたまへ、われに正受を教へたまへ」（九二）とあるように、韋提希は定善を乞うている。「『欲生彼国者』より下『名為浄業』に至るこのかたは、まさしく勧めて三福の行を修せしむることを明かす。これ一切衆生の機に二種あり。一には定、二には散なり。もし定行によれば、すなはち生を摂するに尽きず。ここをもつて如来（釈尊）方便して三福を顕開して、もつて散動の根機に応じたまふことを明かす」（七祖、三八二）に鑑みるに、散善は世尊の自説である。

「しかるに常没の凡愚、定心修しがたし、息慮凝心のゆゑに。散心行じがたし、廃悪修善のゆゑに」（三九三）は、定散二善の挫折を説く。ところで倫理・道徳は、散善に含まれるだろう。定善は散善よりも難しい。散善にすら耐え得ない機がどうして定善を修し得ようか。『観経』は、自己を知らしめるというかたちで自己をより近く自己につれ戻す。法と機の乖離が、深く遠くなる。その意味で自己を具体的にする。「仰ぎ願はくは一切往生人等、よくみづからおのれが能を思量せよ」(二五六)は、自己を知る、「己事究明」として生の根源への道標であろう。要するに、お育ては向上的に人間を理想像に近づけることではない。むしろ下向的に自己自身につれ戻す。その意味で三願転入の旅人は、没落する人であると言える。以上、化土巻が弁証法的構造を示すことは明らかであろう。

それ濁世の道俗、すみやかに円修至徳の真門に入りて、難思往生を願ふべし。真門の方便につきて、善本あり徳本あり。また定専心あり、また散専心あり、また定散雑心あり。雑心とは、大小・凡聖・一切善悪、おのおの助正間雑の心をもつて名号を称念す。まことに教は頓にして根は漸機なり。行は専にして心は間雑す。ゆゑに雑心といふなり。定散の専心とは、罪福を信ずる心をもつて本願力を願求す。これを自力の専心と名づくるなり。善本とは如来の徳号なり。この徳号は一声称念するに、至徳成満し衆禍みな転ず、十方三世の徳号の本なり。ゆゑに徳本といふなり。しかればすなはち、釈迦牟尼仏は、功徳蔵を開演して、十方濁世を勧化したまふ。阿弥陀如来はもと果遂の誓 この果遂の誓とは二十願なり を発して諸有の群生海を悲引したまへり。すでにして願います。植諸読本の願と名づく、また係念定生の願と名づく、また不果遂者の願と名づく、また至心回向の願と名づくべきなり。(三九九―四〇〇)

要門から真門への転入について、定散二善、倫理・道徳に絶望するということがある。「いはゆる布施・持戒・立寺・造像・礼誦・坐禅・懺念・苦行、一切福業、もし正信なければ、回向願求するにみな少善とす」（四〇五）は、この間の消息を伝える。人生の根本問題は、定散二善によって背負うべくあまりにも重すぎる。生の根本的課題に、倫理・道徳は答えられぬ。定散二善・倫理道徳も我執の渦に巻きこまれるのである。

「果遂の誓」は、三願転入の必然性を現す。次の法語に要門から真門への必然性を看取し得よう。「悪と憍慢と蔽と懈怠とは、もつてこの法を信ずること難し。宿世の時に仏を見たてまつれるもの、楽みて世尊の教を聴聞せん。人の命希に得べし。仏は世にましませどもはなはだ値ひがたし。信慧ありて到るべからず。もし聞見せば精進して求めよ」（四〇一）。「またこの『経』（観経）の定散の文のなかに、ただ名号を専念して生ずることを得と標す。この例一つにあらざるなり。広く念仏三昧を顕しをはんぬ」（四〇二）。「劫尽きなんと欲する時、五濁盛んなり。衆生邪見にしてはなはだ信じがたし。もつぱらにしてもつぱらなれと指授して西路に帰せしめしに、他のために破壊せられて還りて故のごとし。曠劫よりこのかたつねにかくのごとし。これ今生にはじめてみづから悟るにあらず。まさしくよき強縁に遇はざるによりて、輪廻して得度しがたからしむることを致す」（四〇四）。

右、真門釈から引用した。しかし真門に留まるかぎり、行者は過渡的性格を脱せず、なお途上にある。称名にすら我見が執拗に絡みつき、自己が残るから。法と機の分裂が、いっそう深くなる。真門においては分裂の止揚、機法一体が成立しない。

この人、仏法僧法を信ずといへども、三宝同一の性相を信ぜず。因果を信ずといへども得者を信ぜず。このゆゑに名づけて信不具足とす。この人、不具足信を成就すと。乃至 善男子、四つの善事あり、悪果を獲得せん。なんらをか四つとする。一つには勝他のためのゆゑに経典を読誦す。二つには利養のためのゆゑに禁戒を受持せん。三つには他属のためのゆゑにして布施を行ぜん。四つには非想非非想処のためのゆゑに繫念思惟せん。この四つの善事、悪果報を得ん。もし人かくのごときの四事を修習せん。これを、没しをはりて還りて出づ、出でをはりて還りて没すと名づく。なんがゆゑぞ没と名づくる、三有を楽ふがゆゑに。なんがゆゑぞ出と名づくる、明を見るをもつてのゆゑに。明はすなはちこれ戒・施・定を聞くなり。なにをもつてのゆゑに還りて出没するや、邪見を増長し憍慢を生ずるがゆゑに。このゆゑに、われ経のなかにおいて偈を説かく、〈もし衆生ありて、諸有を楽んで、有のために善悪の業を造作する。この人は涅槃道を迷失するなり。これを暫出還復没と名づく。黒闇生死海を行じて、解脱を得といへども、煩悩を雑するは、この人還りて悪果報を受く。これを暫出還復没と名づく〉と。

如来にすなはち二種の涅槃あり。一つには有為、二つには無為なり。有為涅槃は常楽我浄なし、無為涅槃は常楽我浄あり。この人深くこの二種の戒ともに善果ありと信ず。このゆゑに名づけて戒不具足となす。この人は信・戒の二事を具せず、所修の多聞もまた不具足なり。いかなるをか名づけて聞不具足とする。如来の所説は十二部経なり、ただ六部を信じていまだ六部を信ぜず。このゆゑに名づけて聞不具足とす。またこの六部の経を受持すといへども、読誦にあたはずして他のために解説するは、利益するところなけん。このゆゑに名づけて聞不具足とす。またこの六部の経を受けをはりて、論議のためのゆゑに、勝他のためのゆゑに、利養のためのゆゑに、諸有のためのゆゑに、持読誦説せん。このゆゑに名づけて聞不具足とす。（四〇七－四〇八）

「暫出還復没」は、決定ということが真門にないことを意味する。ゆえに真門の行者は、落着き、居場所ということを知らぬ。自力念仏は、その名のように自己を残し自力建立の信と貶せられる。また、それゆえに相続がない。「不如実修行といへること　鸞師釈してのたまはく　一者信心あつからず　若存若亡するゆゑに」（五八六）「二者信心一ならず　決定なきゆゑなれば　三者信心相続せず　余念間故とのべたまふ」（五八六）「三信展転相成す　行者こころをとどむべし　信心あつからざるゆゑに　決定の信なかりけり」（五八七）「決定の信をえざるゆゑ　信心不

惇とのべたまふ　如実修行相応は　信心ひとつにさだめたり」（五八七）。不惇・未決定・不相続は、自力執心において相互媒介、それが「三不信」（四九四）となる。

以上、三願転入において、法と機の分裂が深くなる、その意味で自己が具体的になる。三願転入は、自己が自己につれ戻される道にほかならぬ。化身土巻が調熟・お育てという意味をもつとは、この謂いである。

まことに知んぬ、専修にして雑心なるものは大慶喜心を獲ず。ゆえに宗師（善導）は、「かの仏恩を念報することなし。業行をなすといへども心に軽慢を生ず。つねに名利と相応するがゆゑに、人我おのづから覆ひて同行・善知識に親近せざるがゆゑに、楽みて雑縁に近づきて往生の正行を自障　障他するがゆゑに」（礼讃　六六〇）といへり。

悲しきかな、垢障の凡愚、無際よりこのかた助正間雑し、定散心雑するがゆゑに、出離その期なし。みづから流転輪廻を度るに、微塵劫を超過すれども、仏願力に帰しがたく、大信海に入りがたし。まことに傷嗟すべし、深く悲歎すべし。おほよそ大小聖人・一切善人、本願の嘉号をもつておのれが善根とするがゆゑに、信を生ずることあたはず、仏智を了らず。かの因を建立せることを了知することあたはざるゆゑに、報土に入ることなきなり。（四一二－四一三）

右、「真門釈　結誡」である。要門は真門に止揚されるから、釈は要真二門の帰結にほかならぬ。前述のように、転入は機法乖離の過程であった。ゆえに「結誡」は、機法分裂の最果てその極点を示すであろう。極点というのは、法と機が同時に両方向に突破され機もなく法もなしと、機法ともに離れしめられる場所にほかならぬ。真宗の最難関はここにある。要門から真門、邪定聚から不定聚への転入は連続的。つまり両門・両機を通底して自己が残った。しかし「真門釈　結誡」は、まさに自己の絶対否定、自力の死を告げる。「本願を信受するは、前念命終なり。『すなはち正定の数に入る』（論註・上意）。即得往生は、後念即生なり。『即の時必定に入る』（易行品　十六）」（五〇九）は、前後裁断を語るであろう。真門から弘願門、不定聚から正定聚への転入は、絶対の切断をふまえる。決して連続的ではない。いつとはなしに春が来るように、正定聚は出生しない。すぐれた宗教人には生の前後裁断、生が真二つに切断される瞬間が必ずある。その瞬間は、日常的・連続的な時の一点・通過点ではない。日常的な時における出来事は、どれほど感激に満ちた瞬間であろうとも、時の流れのなかにいつかは消え失せ思い出としてしか跡をとどめない。

人間は人間のなかに内在する原理によって、決して救はれぬ。人間のなかに本願との接点はない。ゆえに弘願への転入が考えられるべきならば、断絶に徹せしめられるほかにない。自己・自力の死が、回転軸にほかならないのである。機と法との絶対の分裂（そこに機も法も離れしめられる）が、そのまま機法一体。機の深信が法の深信、法の深信が機の深信、機法二種一具の信心と言われなければならない。すなわち絶対の分裂は、既に分裂ではないのである。以上、三願転入の論理は、媒介する何ものもないゆえに絶対弁証法に摂まる。その論理は質的弁証法である。ところでヘーゲルの精神現象学においては、絶対の断絶がない。ゆえに過程弁証法と言われる。絶対に異質的なものは、過程弁証法に入り得ない。

一切の梵行の因は善知識なり。一切梵行の因無量なりといへども、善知識を説けばすなはちすでに摂尽しぬ。……一切悪行の因無量なりといへども、もし邪見を説けばすなはちすでに摂尽しぬ。（四〇六）

なんじ善知識を念ずるに、われを生める、父母のごとし。われを養ふ、乳母のごとし。菩提分を増長す、衆の疾を医療するがごとし。天の甘露を灑ぐがごとし。日の正道を示すがごとし。月の浄輪を転ずるがごとし。（四一〇）

如来大慈悲、世間に出現して、あまねくもろもろの衆生のために、無上法輪を転じたまふ。如来無数劫に勤苦せしことは衆生のためなり。いかんぞもろもろの世間、よく大師の恩を報ぜん。（四一〇）

ただ恨むらくは、衆生の疑ふまじきを疑ふことを、浄土対面してあひ忤はず。弥陀の摂と不摂とを論ずることなかれ。意専心にして回すると回せざるとにあり。あるいはいはく、今より仏果に至るまで、長劫に仏を讃めて慈恩を報ぜん。弥陀の弘誓の力を蒙らずは、いづれの時いずれの劫にか娑婆を出でん、いかんしてか今日宝国に至ることを期せん。まことにこれ娑婆本師の力なり。もし本師知識の勧めにあらずは、弥陀の浄土いかんしてか入らん。浄土に生ずることを得て慈恩を報ぜよ。（四一〇‐四一一）

真門釈に善知識を讃じられたのは、深い意味があると思う。「意専心にして回する」（四一一）、つまり弘願への転入が、釈迦弥陀二尊の力によらずは絶対に不可能なること、転入が自己の全体を含むことを説かれたのである。因みに言及すれば、「邪見」の一語、深い意味がある。仏教は動機論、結果論ではない。目的さえ正しければ、手段はどうでもよい。それは仏意に背く。また、そういう目的は正しくない。すなわち仏教は絶対に独学できない。独学はどうしても我流になる。無師独悟は釈尊のみ。「そのとき聖光房、……しかれども、その余残ありけるにや、つひに仰せをさしおきて、口伝をそむきたる諸行往生の自義を骨張して自障 障他すること、祖師（源空）の遺訓をわすれ、諸天の冥慮をはばかるざるにやとおぼゆ」（八九〇）。「まことに自損損他のとが、のがれがたく候ふ」（一〇八四）。「恩徳讃」にあるように、善知識は如来とその徳を等しくする。「第一真実の善知識は、いはゆる菩薩・諸仏なり」（四〇九）。「これによりて五重の義をたてたり。一つには宿善、二つには善知識、三つには光明、四つには信心、五つには名号。この五重の義、成就せずは往生はかなふべからずとみえたり。されば善知識といふは、阿弥陀仏に帰命せよといへるつかひなり。宿善開発して善知識にあはずは、往生はかなふべからざるなり」（一一二六－一一二七）。「お文」に鑑みるに、善知識は生きた人間にほかならぬことは疑いの余地がない。「知識伝持の仏語」（九四四）は、人となった名号、名号によって規定された人を語る。

それが生き仏・善知識にほかならぬ。「このたびもし善知識にあひたてまつらずは、われら凡夫かならず地獄におつべし」（八六〇）とあるように、仏道修行に善知識は決定的な意味をもつ。問題は善知識の深い意味がどうしてわかるか証明されるか――その一点に集まるであろう。親鸞聖人が法然聖人に、あるいは道元禅師が如浄禅師に遇われた。その〝遇う〟の解明である。遇うは通常私たちが、人やものに会うとは絶対に異質的。何故ならば「うけたまはりさだめて候ひしかば……」（八一二）に鑑みるに、遇うは生も死も一挙に決定する――「回心といふこと、ただひとたびあるべし（八四八）――絶対的な出来事、仏事にほかならぬから。総序に戻れば、「遇ひがたくしていま遇ふことを得たり、聞きがたくしてすでに聞くことを得たり」（一三〇）の「遇う」である。

一器水瀉一器　一器瀉瓶は、師資相承を語る。「知識伝持の仏語」が一滴も洩らさず弟子に伝承される。「次弟相承の善知識」（一二二七）は、そういう法脈を語る（血脈ではない。もし血脈ならば性交渉が特別な意味をもって来るであろう。血統相続は、法義に背く）。遇うは師資相承と同義。師が弟子に対するのでもなければ、弟子が師に対するのでもない。遇うは主客相対の場ではない。「仏語」は、言うまでもなく名号をいう。名号の真理全現において「遇う」、「知識伝持の仏語に帰属する」（九四四）が、説かれているのである。つまり師弟ともに名号によって規定される。光明無量寿命無量の全現において師もなく弟子もない。すなはち名号の本質は自己の本質、自己の本質は名号の本質、言葉の本質は人間の本質、人間の本質は言葉の本質である。名号が根源語だとは、そういうことである。

ここから歴史も考えられるであろう。「弥陀の本願まことにおはしまさば、釈尊の説教虚言なるべからず。仏説まことにおはしまさば、善導の御釈虚言したまふべからず。善導の御釈まことならば、法然の仰せそらごとならんや。法然の仰せまことならば、親鸞が申すむね、またもつてむなしかるべからず候ふか。詮ずるところ、愚身の信心におきてはかくのごとし」（八三三）。御述懐に歴史を看取し得よう。歴史的伝承が現れて言葉となった。名号の展開としての歴史、絶対の現実としての歴史、それから洩れる一塵もない。「それほどの業をもちける身にてありけるを、たすけんとおぼしめしたちける本願のかたじけなさよ」（八五三）に、本願に乗託する罪業の全体、罪業を荷負した本願を読みとる。生死流転において歴史を語れば、名号が歴史を定礎すると言える。流転の歴史がそのまま救済の歴史、歴史を垂直に切って本願に直結する。翻って史学は、そういう歴史に一歩半歩も接近できぬ。抽象・捨象なしに史学は成立しないから。

三願転入は、行者の挫折の過程とも言える。挫折は限界の自覚であるが、そういう自覚はどうして成立するのだろうか。挫折の根拠は何か。これまで転入を調熟誘引の過程として筆を進めて来た。それは相対的視圏と言える。しかし「真仏土巻　真仮対弁」(三七一 - 三七三)釈の光被により、化身土というも報中の化、報土中の化土である。化土という独立した世界があるわけではない。報土といい化土というも、人間のあり方を離れて別にない。報化二土は、人間のあり方から考えられなければならぬ。ゆえに相対的視圏と絶対的視圏の一つ——それが化身土巻の根本構造である。絶対がそのまま過程、過程がそのまま絶対、歩々が絶対と言われなければならない。

しかれば、それ楞厳の和尚(源信)の解義を案ずるに、念仏証拠門(往生要集・下)のなかに、第十八の願は別願のなかの別願なりと顕開したまへり。『観経』の定散の諸機は、極重悪人、ただ弥陀を称せよと勧励したまへるなり。濁世の道俗、よくみづからおのれが能を思量せよとなり、知るべし。

問ふ。『大本』（大経）の三心と『観経』の三心と一異いかんぞや。答ふ。釈家（善導）の意によりて『無量寿仏観経』を案ずれば、顕彰隠密の義あり。顕といふは、すなはち定散諸善を顕し、三輩・三心を開く。しかるに二善・三福は報土の真因にあらず。諸機の三心は、自利各別にして利他の一心にあらず。如来の異の方便、欣慕浄土の善根なり。これはこの『経』（観経）の意なり。すなはちこれ顕の義なり。彰といふは、如来の弘願を彰し、利他通入の一心を演暢す。達多（提婆達多）・闍世（阿闍世）の悪逆によりて、釈迦微笑の素懐を彰す。韋提別選の正意によりて、弥陀大悲の本願を開闡す。これすなはちこの『経』（観経）の隠彰の義なり。

ここをもつて『経』（同）には、「教我観於清浄業処」といへり。「清浄業処」といふは、すなはちこれ本願成就の報土なり。「教我思惟」といふは、すなはち方便なり。「教我正受」といふは、すなはち金剛の真心なり。「諦観彼国浄業成者」といへり、本願成就の尽十方無礙光如来を観知すべしとなり。「広説衆譬」といへり、すなはち十三観これなり。「汝是凡夫心想羸劣」といへり、すなはちこれ悪人往生の機たることを彰すなり。「諸仏如来有異方便」といへり、すなはちこれ定散諸善は方便の教たることを顕すなり。「以仏力故見彼国土」といへり、これすなはち他力の意を顕すなり。「若仏滅後諸衆生等」といへり、これ未来の衆生、往生の正機たることを顕すなり。「若有合者名為粗想」といへり、これ定観成じがたきことを顕すなり。「於現身中得念仏三昧」といへり、すなはちこれ定観成就の益は、念仏三昧を獲るをもつて観の益とすることを顕す。すなはち観門をもつて方便の教とせるなり。「発三種心即便往生」といへり。また「復有三種衆生当得往生」といへり。これらの文によるに、三輩について、三種の三心あり、また二種の往生あり。

まことに知んぬ、これいましこの『経』（観経）に顕彰隠密の義あることを。二経（大経・観経）の三心、まさに一異を談ぜんとす、よく思量すべきなり。『大経』・『観経』、顕の義によれば異なり。彰の義によれば一なり、知るべし。（三八一―三八三）

また問ふ。『大本』（大経）と『観経』の三心と、『小本』（小経）の一心と、一異いかんぞや。

答ふ。いま方便真門の誓願について、行あり信あり。また真実あり方便あり。願とはすなはち植諸徳本の願これなり。行とはこれに二種あり。一つには善本、二つには徳本なり。信とはすなはち至心・回向・欲生の心これなり。二十願なり 機について定あり散あり。往生とはこれ難思往生これなり。仏とはすなはち化身なり。土とはすなはち疑城胎宮これなり。『観経』に准知するに、この『経』（小経）にまた顕彰隠密の義あるべし。顕といふは、経家は一切諸行の少善を嫌貶して、善本徳本の真門を開示し、自利の一心を励まして難思の往生を勧む。ここをもつて『経』（同）には「多善根・多功徳・多福徳因縁」

と説き、釈（法事讃・下　五六三）には「九品ともに回して不退を得よ」といへり。あるいは「無過念仏往西方三念五念仏来迎」（同、意　五七五）といへり。これはこれ、この『経』（小経）の顕の義を示すなり。これすなはち真門のなかの方便なり。彰といふは、真実難信の法を彰す。これすなはち不可思議の願海を光闡して、無碍の大信心海に帰せしめんと欲す。まことに勧め、すでに恒沙の勧めなれば、信もまた恒沙の信なり。ゆゑに甚難といへるなり。釈（法事讃・下　五七五）に、「ただちに弥陀の弘誓重なれるをもつて、凡夫念ずればすなはち生ぜしむることを致す」といへり。また「一心」とのたまへり。「執」の言は心堅牢にして移転せざることを彰すなり。「持」の言は不散不失に名づくるなり。「一」の言は無二に名づくるの言なり。「心」の言は真実に名づくるなり。この『経』（同）は大乗修多羅のなかの無問自説経なり。しかれば如来、世に興出したまふゆゑは、恒沙の諸仏の証護の正意、ただこれにあるなり。ここをもつて四依弘経の大士、三朝浄土の宗師、真宗念仏を開きて、濁世の邪偽を導く。三経の大綱、顕彰隠密の義ありといへども、信心を彰して能入とす。ゆゑに経の始めに「如是」と称す。「如是」の義はすなはちよく信ずる相なり。いま三経を案ずるに、みなもつて金剛の真心を最要とせり。真心はすなはちこれ大信心なり。大信心は希有・最勝・真妙・清浄なり。なにをもつてのゆゑに、大信心海ははなはだもつて入りがたし、仏力より発起するがゆゑに。真実の楽邦はなはだもつて往き易し、願力によりてすなはち生ずるがゆゑなり。いままさに一心一異の義を談ぜんとす、まさにこの意なるべしと。三経一心の義、答へをはんぬ。

それ濁世の道俗、すみやかに円修至徳の真門に入りて、難思往生を願ふべし。真門の方便につきて、善本あり徳本あり。また定専心あり、また散専心あり。雑心とは、大小・凡聖・一切善悪、おのおの助正間雑の心をもつて名号を称念す。まことに教は頓にして根は漸機なり。行は専にして心は間雑す。ゆゑに雑心といふなり。定散の専心とは、罪福を信ずる心をもつて本願力を願求す、これを自力の専心と名づくるなり。善本とは如来の嘉名なり。この嘉名は万善円備せり、一切善法の本なり。ゆゑに善本といふなり。徳本とは如来の徳号なり。この徳号は一声称念するに、至徳成満し衆禍みな転ず、十方三世の徳号の本なり。ゆゑに徳本といふなり。しかればすなはち、釈迦牟尼仏は、功徳蔵を開演して、十方濁世を勧化したまふ。阿弥陀如来はもと果遂の誓　この果遂の願とは二十願なり　を発して諸有の群生海を悲引したまへり。すでにして悲願います。植諸徳本の願と名づく。また係念定生の願と名づく、また至心回向の願と名づくべきなり。（三九七－四〇〇）

以上、顕義によれば『大経』『観経』『小経』、それぞれ異、彰義によれば一である。顕義は相対性を残し、端的に絶対を示して彰義である。すなわち彰義は、相対即絶対　絶対即相対にほかならぬ。彰の意を汲めば相対というものはない。すべては絶対――“即”はそれを語る。絶対は自《おのず》から覚、絶対知として現成、そうでなければ絶対とは言えぬ。「仏智・不思議智・不可称智・大乗広智・無等無倫最上勝智」（三七八）は、いずれも絶対知の賛辞にほかならぬ。彰義を正面に出して「恒沙の勧め……恒沙の信」（三九八）となる。ゆえに独立した要門も真門もない。真にあると言えるのは弘願門のみ。要門・真門の本質は弘願門にほかならない。いま本質を括弧で示せば、要門（弘願門）真門（弘願門）、第十九願（第十八願）第二十願（第十八願）と言わねばならぬ。「弘誓は四十八なれども、第十八の願を本意とす」（一三八三）。報中の化、報中の「懈慢界……疑城胎宮」（三七五）ということである。機について言えば、邪定聚（正定聚）不定聚（正定聚）となる。また「平等はこれ諸法の体相なり」（七祖、六一）に鑑みるに、一切群生は「一子地」――「三界の衆生をわがひとり子とおもふこころを得るを一子地といふなり」（五七三、脚註）――と現れる。「『教我思惟』といふは、すなはち方便なり。『教我正受』といふは、すなはち金剛の真心なり」（三八二）も、前者において顕義を後者において彰義を釈する。また、定散両善に他力信心を看取して、「定善は観を示す縁なり」（三八八）「散善は行を顕す縁なり」（三八八）となる。

筆を文脈の骨格に戻そう。化身土巻の論理は、三願転入であった。したがって化身土巻の領解は、三願転入のそれに尽きる。転入は、第十九願から始まる。しかし、現実の問題として第十九願の機・邪定聚すら、絶無とまでは言わぬがほとんどいない。もし言ってよければ、現代人は金によって決められ金のために生きている。「尊となく卑となく、貧となく富となく、少長男女ともに銭財を憂ふ」（五四）は、遥かに現代を射程にとらえる。金は親子・兄弟・夫婦の間にも割って入る。企業の論理は、言うまでもなく利潤追求。長時間労働・ブラック企業も、自己目的化した利潤追求にほかならぬ。現代人は組織の歯車と化し、企業論理に締めつけられていると言えるだろう。しかし、生は生以外の何ものによっても満たされぬ。現代人が観光・スポーツ等に熱中するもとにも、これがあろう。また、いかがわしい淫祀邪教の流行も耳にする。根底に前述と同じことがあると思われる。裏から言えば、既成宗教の責任への問いかけである。「優婆夷、この三昧を聞きて学ばんと欲せんものは、乃至　みづから仏に帰命し、法に帰命し、比丘僧に帰命せよ、余道に事ふることを得ざれ、天を拝することを得ざれ、鬼神を祠ることを得ざれ、吉良日を視ることを得ざれ」（四二九）の教誡は、この責任への問いとして耳に痛い。「かなしきかなやこのごろの　和国の道俗みなともに　仏教の威儀をもととして　天地の鬼神を尊敬す」（六一八）に、現代を洞見する智眼を拝する。それこそ凡夫、ニーチェの言葉を借れば「末人」（der letzte Mensch）である。「砂漠は成長する」（die Wüste wächst）という彼の言葉は、現代を射程に摂める。またキルケゴールの言葉「相対的目的に相対的に関係し、絶対的目的に相対的に関係する」は、凡夫・末人を語って見事に適中するであろう。凡夫・末人は、宗教すらも何の役に立つかという功利的な接近方法しか知らないと思われる。「難化の三機、難治の三病」(二九五－二九六)「ただ五逆と誹謗正法とをば除く」(一八、四一)は、現代人の全体を射程にとらえるであろう。以上、そもそもの出発にあたって三願転入の実存的理解は、困難を予想させるのである。

前述のように、生は生以外の何ものによっても説明されない、また支えられぬ。そういう試みは、ことごとく生そのものに挑ねかえる。ということは、生が大きな問い――どう生きどう死ぬか――を蔵することを意味する。人間が深ければ深いほど、根本からそのような大きな問いに揺さぶられる。生の独立自存を現して主体性と呼べば、仏教はどこまでもそういう方向を貫く。そこを汲んで、仏道は絶対主体道であると言える。そういう歩みのみが自己を知るにつながる。「濁世の道俗、よくみづからおのれが能を思量せよ」(三八〇)は、そこへの道標であろう。これに導かれて、仏道は自己の具体化の道と言えるだろう。ところで「呉下の阿蒙」という言葉があるが、昔のままで進歩のない人物の謂い。「呉下の阿蒙」にとどまってはならぬ。問いは行くところまで問いつめられなければならぬ。生から生へ命から命に切りこむという行程において、生はその源泉を現して来る。そういう最果ての地(人間性の彼岸)をふまえて、宗教的実存は成立するのである。

既述のように釈尊を接近すべき理想像というとらえ方は、意を尽くしていない。仏陀の目的論的解釈は、仏教のとるところではなかろう。生死即涅槃・現実即絶対から見れば、目的論は間違っていると言わねばならぬ。翻って、何もしなくてもよいそのままでよい——直接肯定——というのは、仏教からいっそう遠い。「生死を出る」「生死出離」「生死解脱」が仏教を貫通、それを享けて無限の精進ということが、仏教に本質的に属する。「起行」(四一)なしに仏教はない。『もろもろの事象は過ぎ去るものである。怠ることなく修行を完成なさい』。これが修行をつづけて来た者の最後のことばであった[12]。しかし「聖道釈」(四一五―四二八)にあきらかなように、私たちはとても聖道の修行には耐えられぬ。だが、釈の真意——三時開遮——は、いただかねばならぬ。聖道釈を通じて行の立場が貫通。領解は観念・観想にとどまってはならない。すなわち単なる学解は全く意味をもたぬ。「煩悩具足のわれらは、いづれの行にても生死をはなるることあるべからざるを、あはれみたまひて願をおこしたまふ本意、悪人成仏のためなれば、他力をたのみたてまつる悪人、もつとも往生の正因なり。よつて善人だにこそ往生すれ、まして悪人はと、仰せ候ひき」(八三四)。右、本願を人で受けている。すなわち、弥陀の正覚は自己の全体を招喚。本願と自己は、相互に包摂し合う。名号による自己の全体規定、名号の外に出る何ものもない。それは仏も自己も離れる両者の絶対の一を意味する。

「機教相応せるをまた称して〈是〉とす。ゆゑに如是といふ」(三八四)は、三願転入の歩みにおける両者(仏と自己)、両者における歩みを語るであろう。「もろもろの凡夫の病を知るに三種あり。一つには貪欲、二つには瞋恚、三つには愚痴なり。貪欲の病には教へて骨相を観ぜしむ。瞋恚の病には慈悲の相を観ぜしむ。愚痴の病には十二縁相を観ぜしむ」（四〇九－四一〇）の光被により、本願に対するのは一般的抽象的な自己でなく、あらゆる特異性をもつ具体的な自己にほかならぬ。宗教的真理は具体的。抽象的なものは真実でない。つまり名号において現実が現実として丸出しになる。言と事との絶対の同一——それが絶対現実にほかならない。「『菩提』は、これ仏道の名なり。『薩埵』は、あるいは衆生といひ、あるいは、勇健といふ。仏道を求むる衆生、勇猛の健志あるがゆゑに菩提薩埵と名づく」（七祖、五〇）から修行・歩みの厳しさが響く。如来に手を引かれて歩みを進めるわけである。しかもそれは名号と自己との断絶即連続としての同一の歩みである。如来を正面に出して、「業果法然としてすべて錯失なし、また称して〈是〉とす。ゆゑに如是といふ」（三八五）。ゆえに「この生死三界等の自他の依正二報を軽賤し厭捨す」（三八六）は、「業果法然」の妙用にほかならぬ。

宗教的実存の深化は、三願転入として具体化された。ところで転入過程は、自己から仏への距離をつめるのではなく、むしろ距離・分裂の深まる過程と言える。歩みがますます分裂を開いて来る。顕義は、分裂を自覚せしめる没落の過程をいう。

まことに知んぬ、専修にして雑心なるものは大慶喜心を獲ず。ゆゑに宗師（善導）は、

「かの仏恩を念報することなし。業行をなすといへども心に軽慢を生ず。つねに名利と相応するがゆゑに、人我おのづから覆ひて同行・善知識に親近せざるがゆゑに、楽みて雑縁に近づきて往生の正行を自障 障他するがゆゑに」(礼讃 六六〇)といへり。(四一二)

悲しきかな、垢障の凡愚、無際よりこのかた助正間雑し、定散心雑するがゆゑに、出離その期なし。みづから流転輪廻を度るに、微塵劫を超過すれども、仏願力に帰しがたく、大信海に入りがたし。まことに傷嗟すべし。深く悲歎すべし。おほよそ大小聖人・一切善人、本願の嘉号をもつておのれが善根とするがゆゑに、信を生ずることあたはず、仏智を了らず。かの因を建立せることを了知することあたはざるゆゑに、報土に入ることなきなり。(四一二－四一三)

真門釈　結誠である。要門の真理契機は真門に流れこみ真門に止揚されるから、結誠は、要真二門の帰結と見てよい。結誠は分裂の最果て、絶対分裂を伝えるであろう。報土は化土から絶対に隔絶、架橋すべき何ものもない。しかしよく考えると、絶対分裂というものは成立し得ない。絶対は文字通り対を絶するということであるから。絶対分裂は同時にその解消を意味する。解消・転換と一つに分裂と言える。転換の場において、自己もなければ仏もない「無人空迴の沢」(二二五)は、そこを言うと思う。もし仏が残れば自己が残る、自己が残れば仏も残る。仏と自己を両方向に同時に突破せしめられるとは、自己が根本から切られるの謂い。自力の死、我見・身見の脱落にほかならぬ。絶対的な死・三定死――〈われいま回らばまた死せん、住まらばまた死せん、去かばまた死せん。一種として死を勉れざれば、われ寧くこの道を尋ねて前に向ひて去かん。すでにこの道あり、かならず可度すべし〉（二二四）――これ以上の死は考えられぬ。以上、三定死は肉体的な死のリアリティーを汲み尽くす。「このまゝ、死んで行きさへすらや親の所だけんのう。こっちゃ持ち前の通り、死んで行きさへすらやえだいのう[13]」に、これを看取するであろう。そこから言えば、肉体の死は心肺停止という自然現象にすぎぬ。

要門から真門への転入は、自己の決断として自己が残る、その意味で連続的であった。しかし、いま述べたように真門から弘願門への転入は、決して連絶的ではない。真宗の最難関は、まさにここにある。

「三定死」は、「大信釈」の所摂であった。名号において化土を報土から裁断する一線が現れる。「三定死」の名号における現成。それゆえに三定死が転換軸、転換の必然における三定死。必然性は本願力の現成にほかならぬ。すなわち転換軸を超えて向こうへ歩みを進めるのではない。肝要は転換そのものにある。いま三定死をニヒリズムと転釈すれば、ニヒリズムは普通の意味では超えられぬ。「『十方の無礙人、一道より生死を出づ』と、一道とは一無礙道なり。

『無礙』とは、いはく、生死すなはちこれ涅槃と知るなり。かくのごとき等の入不二の法門は無礙の相なり」(七祖、一五五)。すなわち「生死即涅槃」は回転、しかも三百六十度の回転を語るであろう。前半の回転で娑婆を離れ、後半のそれで浄土を離れ〝いまここ〟に戻る。一塵も動かずして天地、思考・言葉が新しくなる。名号の本質、自己の本質の現成としての転換と言われなければならぬ。「本願を信受するは、前念命終なり。……即得往生は、後念即生なり」(五〇九)は、この転換を語るであろう。要するに転換は、転入の全過程が名号の統べるところとして彰義の自覚・全現にほかならぬのである。既述のように、彰義において要門も真門もない、したがって転入もない。真にあると言えるのは弘願・光寿二無量のみ。ここから返照すれば、報土に対する化土もなければ、化土に対する報土もない。それが「報中の化」ということである。したがって「果遂の誓(第二十願)、まことに由あるかな」(四一三)は、真門における弘願の讃歎と解すべきである。上述は、「三経一心の義」(三九九)にまとまると言わねばならぬ。また、「ここに久しく願海に入りて、深く仏恩を知れり」(四一三)における「久しく」は、調熟における永遠、過程における絶対を語るであろう。そして「しかるにいまことに方便の真門を出でて、選択の願海に転入せり」(四一三)における「いま」は、時と永遠の統一の瞬門、「信楽開発の時剋の極促」(二五〇)を説く。弁証法的統一における「久しく」と「いま」と言える。「久しく」は「いま」を排除しないし、「いま」は「久しく」を妨げぬ。統一は時の実体性の脱落証明にほかならぬ。「娑婆永劫の苦をすてて……」（五九三）「過去・未来・現在の三世の業障一時に罪消えて、……」（一一九三）に鑑みるに、実体的な時空のないことはあきらか。時空は表象にすぎぬ。正覚における仏と自己との絶対の一――「信楽開発の時剋の極促」（二五〇）は、その証明にほかならぬ。絶対の一は、〝正覚成就のすがた〟が、そのまま〝わが往生のすがた〟をいう。「三宝同一の性相」を信ずるは、そのことである。すがたの同一ゆえに、六根の直下に脱底、六根が真理証明の場となる。行住座臥、二十四時間が仏事を離れない。それが「唯能常称如来号　応報大悲弘誓恩」のこころであろう。「選択の願海」（四一三）の光照によって根源的無知・根本無明がわかる。照破されてはじめて闇は闇を知る。逆に言えば、闇は闇にとどまるかぎり、闇を知らぬ。

以上、闇夜の閃光のように、化身土は真仏土に貫かれる。教行信証全巻が真仏土に包摂されるのである。「仮の仏土は、下にありて知るべし。すでにもつて真仮みなこれ大悲の願海に酬報せり。ゆゑに知んぬ、報仏土なりといふことを」（三七二）が、いよいよ輝く。

しかれば、末代の道俗、よく四依を知りて法を修すべきなりと。（四一五）

しかるに正真の教意によつて古徳の伝説を披く。聖道・浄土の真仮を顕開して、邪偽異執の外教を教誡す。如来涅槃の時代を勘決して正像末法の旨際を開示す。（四一五）

経の住滅を弁ぜば、いはく、釈迦牟尼仏一代、正法五百年、像法一千年、末法一万年には、衆生減じ尽き、諸経ことごとく滅せん。如来、痛焼の衆生を悲哀して、特にこの経を留めて止住すること百年ならん。（四一七）

正像末史観は時代とともに衆生の宗教的資質が劣化するという考え方である。史観が親鸞聖人のこころを深くとらえたのであろう。「正像末和讃」が草されている。現代を見ると、正像末史観の見事な適中を認めざるを得ないであろう。現代はまさに末法・法滅の時代である。「正法の時機とおもへども　底下の凡愚となれる身は　清浄真実のこころなし　発菩提心いかがせん」（六〇三）に注目する。「正法の時機」から時代を超えるものが響くであろう。すなわち三時讃に超時代と時代、永遠と時との統一が看取される。「浄土真宗は、在世・正法、像末・法滅、濁悪の群萌、斉しく悲引したまふをや」（四一二）に鑑みるに、正法と言えば恒に正法、時から見れば時代は下降線を辿る。「たとひ末法のなかに持戒あらば、すでにこれ怪異なり。市に虎あらんがごとし」（四二二）は、時代の下降・宗教的資質の劣化を象徴的に語る。ところで「正像末和讃」に直ぐ「愚禿悲歎述懐」が続く。ということは、自己・実存の問題と一つに正像末史観が説かれていることを意味するであろう。名号は永遠不滅、その光被のもと極悪最下の自己が底をついて現れるわけである。歴史を背景に底をつくゆえに、悪が自己内在的でないことはあきらか。悪の根元は個人を超える。したがって内省・自己凝視は、決して悪の根元に届かぬ。「あしきこころを〈さかしく〉かへりみず」（七〇七）の光沢を受けて内省・自己凝視の不毛性は疑いの余地がない。他人を巻き添えにする自殺、自爆テロ等に個人の枠を超える破滅願望・絶望呪詛・悲有愛を見る。また現代人を苦しめている核・弾道ミサイル等、個人におさまらぬ悪の超越構造を伝えるであろう。そういう問題に正面から対決し得るような思想は何か。人間主義・ヒューマニズムで問題を支えられないことは、一目瞭然である。核・弾道ミサイルの根本に科学・技術の問題があることは、白日のごとくあきらかである。現代人は科学・技術の跳梁にさらされている。〝科学とは何か〟を問うことなしに。何故なら、それは科学の問いではないからである。科学は研究の主体を含まず、対象のみにかかわる。両者を含むのは哲学である。ところで『教行信証』は深邃な思索の書、すぐれた宗教哲学である。疑いもなく『教行信証』は、現代と対決し得る何かをもっている。

「化身土巻　三時開遮」（四一七－四二八）は、悪の自己を超える歴史性・世界性を説く。一切の悪は私の悪の現れ、罪業は光寿二無量と反極的に相応する。無明は煩悩の王と言われ、一切の悪業をそのもとに摂む。ところで、本願が一切群生の罪業と関係するかぎり、発願は忽然念起無明と同時、衆生の永遠からの墜落がそのまま救いの親の出現となった。「ゆゑに（釈尊は）大悲をもつて西化を隠し、驚きて火宅の門に入り、甘露を灑ぎて群萌を潤し、智炬を輝かせばすなはち重昏を永夜より朗らかならしむ」（七祖、二九九－三〇〇）。思うに、時の流れ（来るがそのまま去る、未だ来ないがもう過ぎた）は、念起無明と関係するであろう。ゆえに「生死を出る」は、「時から出る」と同義と言わねばならぬ。〝時のなかにある〟は、苦悩の根源である。生老病死は、それをいう。だから「時から出る」は、一切の苦悩の断除を意味する。「唯能常称如来号」は、時を出るすがた。一切の罪業は名号において――しかも名号においてのみ――底をついて現れるのである。以上、念仏行者・宗教的実存は、どこまでも時のなかにあるとともにどこまでも時の外にある。「帰去来、他郷には停まるべからず。仏に従ひて本家に帰せよ。本国に還りぬれば、一切の行願自然に成ず」（四一二）は、時のなかという流浪の旅から〝故郷へ帰れ〟の命令にほかならぬ。「仏法のもろもろの徳海は、三世同じく一体なり」（七祖、八九九）は、生死・時を出る功徳を讃じるだろう。

それもろもろの修多羅によって、真偽を勘決して、外教邪偽の異執を教誡せば、

『涅槃経』（如来性品）にのたまはく、「仏に帰依せば、つひにまたその余のもろもろの天神に帰依せざれ」と。略出

『般舟三昧経』にのたまはく、「優婆夷、この三昧を聞きて学ばんと欲せんものは、乃至みづから仏に帰命し、法に帰命し、比丘僧に帰命せよ。余道に事ふることを得ざれ、天を拝

することを得ざれ、鬼神を祠ることを得ざれ、吉良日を視ることを得ざれ」となり。以上

またのたまはく(同)、「優婆夷、三昧を学ばんと欲せば、乃至天を拝し神を祠祀することを得ざれ」となり。(四二九)

出家の人の法は、国王に向かひて礼拝せず、父母に向かひて礼拝せず、六親に務へず、鬼神を礼せず。(四五四)

むしろ如来において不善業をば起すとも、外道・邪見のものの所において供養を施作せざれ。なにをもつてのゆゑに。もし如来の所において不善業を起さば、まさに悔ゆる心ありて、究竟してかならず涅槃に至ることを得べし。外道の見に随ふは、まさに地獄・餓鬼・畜生に堕つべし。(七祖、一一五五－一一五六)

人間は何の変化もない日常性の繰り返しには耐えられぬ。観光旅行やスポーツに熱中するもとにもこれがあろう。また、地震・暴風雨等の自然災害にもおびえている。まさに「火宅無常の世界」(八五三－八五四)である。無病息災を願うというもとに、こころひそかに抱く不安があろう。生きるということに、どうしても科学的合理性によって割り切れないところ、悪臭を吹き上げるような汚泥がある。それが淫祠・外道の温床にほかならぬ。また、祖先崇拝も愛執の射程にある。裏から言えば、科学的合理性に解消できぬものを正当に汲み上げ正しい方向に昇

華し得ない既成宗教の責任であろう。

老子・周公・孔子等、……すでに邪なり。ただこれ世間の善なり、凡を隔てて聖となすことあたはず。（四六八）

老子の邪風を捨てて法の真教に入流せよとなり。（四六八）

以上、あきらかに老子・孔子等が外道に摂せられている。釈意は動かし難い。しかし、ここに考えねばならないことがある。いま、孔子において広く倫理・道徳を解するならば、倫理・道徳と勝義の宗教との関係如何という問いを通り過ぎることはできない。カント『実践理性批判』の教えるように、実践理性の自律としての道徳の定礎は深い意味があろう。天地が滅んでも自由は滅びない――それがカントの信念であった。そこには、道徳によって生を支えようとする実存的意味がある。その意味で『観経』の散善と通じるところもあろう。因みに、真宗教団衰退の一因に教団が倫理との媒介を失ったというところがあろう。名号は往相的にも還相的にも倫理との媒介に入る。往相は真の善に挫折する道、自己を知る、自己が具体的になる道である。絶対知から見れば、実践理性の自律も我執を脱しない。我執が倫理・道徳に攀縁する。「いはゆる凡夫人天の諸善、人天の果報、もしは因もしは果、みなこれ顚倒、みなこれ虚偽なり」(七祖、五六)。

「煩悩具足の身なればとて、こころにまかせて、身にもすまじきことをもゆるし、口にもいふまじきことをもゆるし、こころにもおもふまじきことをもゆるして、いかにもこころのままにてあるべしと申しあうて候ふらんこそ、かへすがへす不便におぼえ候へ。酔ひもさめぬさきに、なほ酒をすすめ、毒も消えやらぬに、いよいよ毒をすすめんがごとし、薬あり毒を好めと候ふらんことは、あるべくも候はずとぞおぼえ候ふ。仏の御名をもきき念仏を申して、ひさしくなりておはしまさんひとびとは、後世のあしきをいとふしるし、この身のあしきことをばいとひすてんとおぼしめすしるしも候ふべしとこそおぼえ候へ」(七三九－七四〇)。「わが心にまかせずして心を責めよ。仏法は心のつまる物かとおもへば、信心に御なぐさみ候ふと仰せられ候ふ」(一二四八)。引用文、あきらかに還相の倫理を説く。倫理――往相の倫理であれ、還相の倫理であれ――のもとに本願他力がある。

ひそかにおもんみれば、聖道の諸教は行証久しく廃れ、浄土の真宗は証道いま盛んなり。しかるに諸寺の釈門、教に昏くして真仮の門戸を知らず、洛都の儒林、行に迷ひて邪正の道路を弁ふることなし。ここをもつて、興福寺の学徒、太上天皇 後鳥羽院と号す、諱尊成、今上土御門院と号す、諱為仁 聖暦、承元丁卯の歳、仲春上旬の候に奏達す。主上臣下、法に背き義に違し、忿りを成し怨みを結ぶ。これによりて、真宗興隆の大祖源空法師ならびに門徒数輩、罪科を考えず、猥りがはしく死罪に坐す。あるいは僧儀を改めて姓名を賜うて遠流に処す。予はその一つなり。しかれば、すでに僧にあらず俗にあらず。このゆゑに禿の字をもつて姓とす。空師（源空）ならびに弟子等、諸方の辺州に坐して五年の居諸を経たりき。皇帝 佐渡院、諱守成 聖代、建暦辛未の歳、子月の中旬第七日に、勅免を蒙りて入洛して以後、空（源空）、洛陽の東山の西の麓、鳥部野の北の辺、大谷に居たまひき。同じき二年壬申寅月の下旬第五日午時に入滅したまふ。奇瑞称許すべからず。別伝に見えたり。（四七一－四七二）

そもそも、また大師聖人 源空 もし流刑に処せられたまはずは、われまた配所におもむかんや。もしわれ配所におもむかずんば、なにによりてか辺鄙の群類を化せん。これなほ師教の恩致なり。（一〇四五）

しかるに愚禿釈の鸞、建仁辛酉の暦、雑行を棄てて本願に帰す。元久乙丑の歳、恩恕を蒙りて『選択』（選択集）を書しき。同じき年の初夏中旬第四日に、「選択本願念仏集」の内題の字、ならびに「南無阿弥陀仏 往生之業 念仏為本」と「釈 綽空」の字と、空の真筆をもつて、これを書かしめたまひき。同じき日、空の真影申し預かりて、図画したてまつる。同じき二年閏七月下旬第九日、真影の銘は、真筆をもつて「南無阿弥陀仏」と「若我成仏　十方衆生　称我名号　下至十声　若不生者　不取正覚　彼仏今現在成仏　当知本誓重願不虚　衆生称念必得往生」（礼讃　七一一）との真文を書かしめたまふ。また夢の告げによりて、綽空の字を改めて、同じき日、御筆をもつて名の字を書かしめたまひをはんぬ。本師聖人（源空）今年は七旬三の御歳なり。（四七二―四七三）

『選択本願念仏集』は、禅定博陸　月輪殿兼実、法名円照　の教命によりて撰集せしむるところなり。真宗の簡要、念仏の奥義、これに摂在せり。見るもの諭り易し。まことにこれ希有最勝の華文、無上甚深の宝典なり。年を渉り日を渉りて、その教誨を蒙るの人、千万なりといへども、親といひ疎といひ、この見写を獲るの徒、はなはだもつて難し。しかるにすでに製作を書写し、真影を図画せり。これ専念正業の徳なり、これ決定往生の徴なり。よりて悲喜の涙を抑へて由来の縁を註す。

慶ばしいかな、心を弘誓の仏地に樹て、念を難思の法界に流す。深く如来の矜哀を知りて、まことに師教の恩厚を仰ぐ。慶喜いよいよ至り、至孝いよいよ深し。これによりて、真宗の詮を鈔し、浄土の要を摭ふ。ただ仏恩の深きことを念うて、人倫の嘲りを恥ぢず。もしこの書を見聞せんもの、信順を因とし、疑謗を縁として、信楽を願力に彰し、妙果を安養に顕さんと。（四七三）

「安楽集」（上　一八四）にいはく、「真言を採り集めて、往益を助修せしむ。いかんとなれば、前に生れんものは後を導き、後に生れんひとは前を訪へ、連続無窮にして、願はくは休止せざらしめんと欲す。無辺の生死海を尽さんがためのゆゑなり」と。以上（四七四）しかれば、末代の道俗、仰いで信敬すべきなり、知るべし。（四七四）

「華厳経」（入法界品・唐訳）の偈にのたまふがごとし。「もし菩薩、種々の行を修行するを見て、善・不善の心を起すことありとも、菩薩みな摂取せん」と。以上（四七四）

以上、簡潔・雄渾、格調高く『教行信証』が結ばれる。

註

(1) Friedr. Schleiermacher, *Über die Religion* (PhB 255), Felix Meiner Verlag, Hamburg, 1958, S.30.
(2) 道元『道元禅師語録』岩波文庫、二〇〇九年、一三四頁。
(3) 鈴木大拙編『妙好人　浅原才市集』春秋社、一九六七年、三一〇頁。
(4) 中村　元訳『ブッダの真理のことば感興のことば』岩波文庫、一九九〇年、三一一頁。
(5) 稲葉昌丸編『蓮如上人遺文』法蔵館、一九四八年、五七七頁。
(6) 東郷豊治編『良寛歌集』創元社、一九七四年、三三六頁。
(7) 清水順保著『庄松ありのままの記』永田文昌堂、一八八九年、八五頁。
(8) 浩々洞『真宗聖典「真宗勤行集」』三星社書店、一九二四年、二三三頁。
(9) 金子大栄校訂『教行信証』岩波文庫、一九九〇年、一〇‐一一頁。
(10) 梶山雄一・瓜生津隆真『大乗仏典 14 龍樹論集』中央公論社、昭和四十九年、五一頁)
(11) Friedr. Nietzsche, *Also sprach Zarathustra*, Sämtliche Werke, 75, Alfred Kröner Verlag Stuttgart, 1988, S.8.
(12) 中村　元訳『ブッダ最後の旅』岩波文庫、一九八〇年、一五八頁。
(13) 柳　宗悦・衣笠一省編『因幡の源左』百華苑、一九七五年、一一九頁。

著者略歴

松 塚 豊 茂（まつづか・とよしげ）

1930年，奈良県大和郡山市に生まれる．1955年，京都大学文学部哲学科（宗教学）卒業．1960年，同大学大学院博士課程単位修得退学．京都大学博士（文学）．専攻，宗教哲学．島根大学名誉教授．日本宗教学会名誉会員．
〔著書〕『ニヒリズム論攷』，『倫理学講義』，『石見の善太郎』，『浄土の光　－学生への手紙』，『聞光録』，『光を聞く－聞法・信心』，『良寛に学ぶ』，『浄土教思想の哲学的考察』，『真実の人－妙好人』，『絶望の論理』，『ニヒリズムと往生要集』，『愛と罪』，『光を聞く－生・老・病・死』，『法句経を読む』，『光を聞く－人間・人間関係』，『蓮如御文章の研究』，『浄土と虚無』，『正信偈の研究』，『真宗随想』
〔監修〕『いのちに光る－甚野諦観先生遺稿集－』．

教行信証を生きる

二〇一八年二月十五日　発行

著　者　松塚豊茂
発行者　永田　悟
発行所　永田文昌堂
〒六〇〇－八三四二
京都市下京区花屋町通西洞院西入
電　話（〇七五）三七一－六六五一
ＦＡＸ（〇七五）三五一－九〇三一

印刷・製本　株式会社 報 光 社
〒六九一－〇〇〇一
島根県出雲市平田町九九三
電　話（〇八五三）六三－三九三九
ＦＡＸ（〇八五三）六三－四三五五
E-mail : info@hokosya.co.jp

ISBN978-4-8162-6239-5 C1015